现代产教融合
系列培训教材

团队管理

Team Management

王相森　主编
彭　洋　龚全新　龙春娥　副主编

化学工业出版社
·北京·

内容简介

《团队管理》以系统化思维为核心框架，深度整合团队管理领域的经典理论与前沿实践，构建起兼具科学性与实操性的知识体系。全书聚焦认识团队、高效沟通、高效激励、团队培育、团队文化建设五大核心模块，通过五章的精细化编排，实现从理论认知到实践落地的全链条覆盖。

在内容呈现上，既深入剖析团队形成的阶段特征、沟通障碍的深层成因、激励机制的设计原理等基础理论，又提供团队角色匹配工具、跨部门沟通话术、个性化激励方案等可直接复用的实操方法，完美地平衡了理论深度与实践指导性。

本书专为企业管理者、人力资源从业者及团队骨干量身打造，尤其贴合数字化转型背景下的团队管理新需求，助力读者破解远程协作效率低、新生代员工激励难等痛点，最终构建起适配时代发展的科学团队管理体系，全面提升团队效能与组织竞争力。

图书在版编目（CIP）数据

团队管理 / 王相森主编 ; 彭洋，龚全新，龙春娥副主编. -- 北京 : 化学工业出版社，2025. 12. --（现代产教融合系列培训教材）. -- ISBN 978-7-122-49289-0

Ⅰ. C936

中国国家版本馆CIP数据核字第2025MQ7062号

责任编辑：高　宁　林　洁
文字编辑：范晓锋
责任校对：张茜越
装帧设计：刘丽华

出版发行：化学工业出版社
（北京市东城区青年湖南街 13 号　邮政编码 100011）
印　　装：中煤（北京）印务有限公司
710mm×1000mm　1/16　印张 13　字数 218 千字
2025 年 12 月北京第 1 版第 1 次印刷

购书咨询：010-64518888　售后服务：010-64518899
网　　址：http://www.cip.com.cn
凡购买本书，如有缺损质量问题，本社销售中心负责调换。

定　　价：68.00元　

现代产教融合系列培训教材
编委会

《团队管理》编写人员名单

主　　编：王相森

副 主 编：彭　洋　龚全新　龙春娥

参编人员：陈远姨　朱　蓓　罗小放　陈云端　陈世淦
　　　　　张莉莉　闫冬雪　陈尚林　向凡平　付仕琳

序一

在中国经济高质量发展的新征程中，化工产业作为国民经济的支柱产业，正经历着前所未有的转型升级。随着“中国制造2025”“智能制造”等国家战略的深入推进，产业急需大批“懂工艺、精装备、善管理、会创新”的现场工程师，教育培训亟待打通“学科孤岛”与“企业围墙”。然而，长期以来，我国化工教育与产业实际需求之间存在着“两张皮”现象，人才培养与企业需求脱节，导致既有的人才供给难以满足产业发展的实际需要。

产教融合是解决这一矛盾的重要途径。它打破了传统教育与产业之间的壁垒，实现了教育链与产业链的有机衔接，促进了优质教育资源与先进产业要素的深度融合。在此背景下，湖北兴发化工集团股份有限公司（以下简称“兴发集团”）与湖北三峡职业技术学院联合，倾力打造“现代产教融合系列培训教材”，旨在为化工行业培养“下得去现场、攻得下难题、带得好团队”的高素质技术技能人才提供有力支撑。

本系列教材涵盖化工安全、化工工艺、机电仪、智能制造、企业管理等多个领域，以实际工作过程为导向，以典型工作任务为载体，将企业真实案例、前沿技术和工匠精神融入教材内容，努力实现“教学做合一”。本系列丛书的《现场管理》《工作管理》《团队管理》《自我管理》《化工生产现场技术员》《化工单元操作》等教材，均由兴发集团一线技术专家与湖北三峡职业技术学院资深教师及行业专家合作编写，既有理论高度，又有实践深度，既体现学理性，又强调应用性，是产教融合的生动实践和丰硕成果。

这套教材有三大显著特点：一是立足产业实际需求。编写团队深入企业生产一线，全面分析岗位典型工作任务，精准提炼核心职业能力，确保教材内容与企业实际生产需求紧密对接。二是突出职业能力培养。教材以工作过程为主线，以项目为载体，以能力为本位，引导学习者在“做中学、学中做”，实现知识学习与技能训练的有机统一。

三是体现技术前沿发展。教材及时融入新技术、新工艺、新材料、新装备，反映行业发展前沿，增强学习者的创新意识和创新能力。

化工产业是一个技术密集型、资金密集型产业，对从业人员的专业素养和技术水平有着极高的要求。同时，它也是一个高风险行业，安全生产永远是第一位的。本系列教材既注重培养学习者的专业技术能力，又着力提升其安全意识和规范操作能力，力求为企业输送全面发展的高素质技能人才。

作为兴发集团与湖北三峡职业技术学院合作的成果，本系列教材凝聚了双方专家的智慧和心血，是校企深度合作的典范。兴发集团作为国内主要的精细化工企业之一，拥有丰富的生产实践经验和先进的技术工艺；湖北三峡职业技术学院则在化工人才培养方面积累了丰富的教学经验和教育资源。双方优势互补，共同打造了这套既有理论深度又有实践价值的精品教材。

在新时代背景下，希望本系列教材能够为广大化工专业学生和企业一线员工提供系统、实用的学习资源，帮助他们掌握必备的专业知识和关键技能，培养精益求精的工匠精神和持续学习的创新意识。同时，也希望本系列教材能为职业院校教师提供优质的教学参考，促进课程改革和教学创新，为产教融合、校企合作探索新路径、提供新样板。

化工强则中国强。随着我国化工产业向高端化、智能化、绿色化方向发展，对高素质技术技能人才的需求将更加迫切。我们期待这套教材能够在培养新时代化工人才方面发挥重要作用，为中国化工产业高质量发展贡献力量。

中国化工教育协会第四、第五届理事会会长

2025年8月

序二

企业的持续稳健发展，关键靠科技、根本靠管理、最终靠人才。人才是企业的第一战略资源，知识员工、创意员工是智能信息化时代的引领者，以“大国工匠”为代表的技能员工队伍是制造类企业的基石。建设战略学习型组织，通过高质量的职业培训为各类人才提供学习与成长的机会，是建设世界一流企业的重要基础。

职业培训的生命力源于产教融合的程度，关键在于搭建理论与实践之桥，把概念性、原则性的理论知识转化为通俗化、具有操作性的语言、方法和工具，不仅易学易记，更要有用有效，帮助企业解决堵点、难点、痛点、关键点等实际问题，这就需要开发符合职业培训特点的课程体系和培训教材。

中国化工教育协会原会长郝长江同志指出，职业培训教材建设主要有两条路径：一是高等院校教材的简化版，这在体系化、规范化方面比较成熟，但适用性有待加强；二是从岗位胜任力出发的实操版，显现了良好效果和生命力，但体系化、规范化方面有待提高，才能更好推广普及。这两条路径具有互补性，但解决理论与实践“最后一公里”问题，更需要从岗位能力出发，根据国家职业大典和技能等级资格认定标准，丰富工具和方法，才能知行合一，为职业教育改革特别是产教深度融合探索新路径，创造新成果。

兴发集团是全国职业教育教师企业实践基地、湖北省首批产教融合型企业，积极探索建设“工作管理为核心、团队管理为关键、自我管理为基础”的管理培训课程体系，组织编印了“现场管理”“工作管理”“团队管理”“自我管理”等培训教材。2019年6月以来，这些教材内容持续在兴发集团等多家企业管理干部集训班试用，获得了学员的广泛好评，为正式成册出版提供了重要实践基础。

“现代产教融合系列培训教材”是集体智慧的结晶。有关企业管理和职业培训的研究探索成果浩如烟海，编者精心筛选集成，力求为在职人员特别是管理者提供简洁适用的管理理念、方法和工具。丛书编委会副主任王相森具有30多年职业培训和20多年大型国有上市公司高管的丰富经历；专业培训机构高级讲师孙志虎、彭洋、龚全新，全程参与了教材的策划、编写与培训工作；湖北三峡职业技术学院朱蓓、陈云端、罗小放、龙春娥教授对教材内容的思想观念合规性、知识案例合理性、工具方法操作性进行了认真把关；湖北大学郭志文、娄兆文、叶红春、徐江琴教授给予了悉心指导；退休中文教师、原天星供电公司培训主管吴绪纲先生进行了细致的文字把关；兴发集团培训中心陈远姨、陈世淦、张莉莉、闫冬雪、向凡平、陈尚林、付仕琳承担了教材组稿、校对、教学管理等大量基础工作；特别是中国化工教育协会有关专家深入公司指导教材建设，组织全国20多所高等院校的化工专家现场调研交流，提出了弥足珍贵的意见和建议。对所有参与者的辛勤付出，在此一并致以最衷心的感谢！

本书可以作为企业中基层干部的培训用书，也可以作为各类管理人员、基层员工、学校师生、社会人士的参考读物。

兴发集团党委书记、董事长李国璋

2025年7月于昭君故里

前言

市场竞争越激烈、发展环境越复杂，越是要抱团打天下。如何打造一支自驱、高效、有战斗力的团队，是组织管理者长期探索的重要课题。《团队管理》从五个方面提供系统化的团队管理知识和方法。

1.认识团队。通过贝尔宾团队角色理论和团队发展的四个阶段，理解优秀团队的构成要素与发展规律，为后续管理打下坚实基础。

2.高效沟通。沟通成为团队的黏合剂。本章深入剖析沟通的五个误区与四大心理障碍，并提供针对上级、下属、平级及跨部门的实用沟通策略和技巧，力求让信息在团队中顺畅流转。

3.高效激励。激励是点燃团队热情的引擎。本章在分析员工需求逻辑的基础上，提供了愿景目标、薪酬、竞争、荣誉、情感、表扬等多种激励方式，成为激发队员动力的“钥匙”。

4.团队培育。培育下属是管理者的天职。本章介绍如何科学制订培训计划、搭建课程与师资体系，并重点介绍“工作教导四步法”和“工作关系四阶段处理法”两大实用工具，让培训赋能下属有章可循、轻松高效。

5.团队文化建设。通过“六个一”工程（一套理念、一致形象、一套制度、一些案例、一批典型、一些活动），将抽象的文化理念，转化为团队成员看得见、摸得着、做得到的具体行为。

《团队管理》是一本类似“作战指导地图”的工具书，旨在帮助读者掌握团队建设的具体思路、方法和工具，为组织战略的有效实施提供卓越的人力资源队伍支持。

囿于编者理论知识和专业能力，不足与疏漏在所难免，敬请专家、读者批评指正，便于再版时改进。

编者

2025年9月

目录

第一章
认识团队

俗话说：众人拾柴火焰高。这句话深刻揭示了团队协作的力量。“众人”并非单纯的数量累加，而是每个成员之间的默契配合和共同努力。只有当每个人的心劲都汇聚于同一目标时，团队的力量才能得到最大限度的发挥。

在本章中，我们将首先深入探讨团队的基本概念，包括团队的定义、构成要素以及发展阶段；然后分析团队失败的常见原因，并探讨团队领导者的三大核心任务，明确管理者在团队中的角色和责任，指导他们如何更有效地推动团队发展；另外对于成熟的团队，领导者需要特别关注团队的创新能力，我们将讨论如何培养和激发团队的创新精神，以及如何构建一个能够适应新时代挑战的创新型团队；最后我们将介绍这种新型团队的组织结构——圆桌式组织结构，这种结构鼓励团队成员积极参与，可充分发挥他们的主观能动性。

第一节
团队基本概念

一、团队的定义

团队是由一群成员组成的集体，他们共同致力于完成一项或多项明确且具有挑战性的任务。这些群体成员拥有明确的、共享的、具有挑战性的、直接源自任务本身的团队层面目标，且为了实现这些目标，群体成员不得不紧密联系、互相依赖并在其中扮演各自独特的角色（尽管有些角色可能会重复）。同时，这些群体成员拥有必要的权威、自主权和资源，因此，相较于个体独立或分散工作，团队协作能够更高效地达成目标。

团队的类型多种多样，但总体上可以分成五种类型：

① 战略与政策团队：例如，管理决策团队、制定教学质量标准的大学教务委员会、决定如何减少国内汽车碳排放的政府团队；

② 生产团队：例如，手机制造公司里的制造组装团队、铝冶炼公司里的生产团队、啤酒厂里的灌装团队、园林苗圃里的种植团队；

③ 服务团队：例如，面向客户的复印团队、医院里的医学影像团队、电脑销售企业的咨询服务中心团队、社区卫生服务机构的普通保健医疗团队；

④ 项目开发团队：例如，研究团队、新产品开发团队、软件开发团队、旨在发现碳纤维涂层系统缺陷成因的问题解决团队；

⑤ 行动和表演团队：例如，手术团队、谈判团队、商业客机飞行团队、救护团队、消防团队、救生艇团队、足球团队、弦乐和摇滚乐队。

区分不同团队类型的关键维度包括：

1. 持续性

项目团队都有明确的存续期，短则数周，长则数年。例如，一个新建钢铁厂的筹备工作小组可能会在一起共事多年；而医院的事故和应急小组在一起合作的时间通常只有几个小时。

2. 对技能 / 胜任力发展的重视

进行复杂技术类工作的团队，譬如设备维修改善团队，必须不断提高自身的专业技能；而高层管理团队，往往很少重视自己的技能发展。

3. 真正的自治权和影响力

客户服务团队的自治权和影响力可能微乎其微，而高层管理团队则有相当大的自由裁量权和影响力。

在以上对团队类型的探索中，隐含着一个假设，那就是有一些任务更适合由团队来完成；而其他任务则最好是由个体单独完成，或由一群个体并行或连续地完成。

二、团队存在的意义

团队的存在并非为了形式，而是为了实现特定的目标和完成具体的工作。无论是在自然界中捕食角马，在医疗领域为心脏病患者进行精细的手术，还是在神话故事中众人合力将巨石推上山顶，每个团队都有其明确的目的。如果一个团队没有明确的任务，仅仅为了组建而组建，就如同摆设了一桌宴席却没有任何食物——不仅浪费了资源，还可能导致组织内部的混乱、冲突和不满。长此以往，这种无目的的团队运作可能会逐渐侵蚀组织的稳定性，最终会导致组织的瓦解。

团队的任务应当是那些最适合通过团队合作来完成的工作。例如，为一艘超级油轮的船体喷漆，这项工作可能不需要工人之间的密切配合或频繁沟通，因为每个工人只需专注于自己负责的区域；然而，将油轮驶出港口或进行发动机改装，则明显需要团队的协作和协调。同样，在体育领域，无论是足球队还是曲棍球队，都需要成员之间相互依赖、持续沟通，并且深刻理解每个队员的角色和责任，以便共同执行战略并实现团队目标。这些活动展示了团队合作的力量，以及在实现共同目标时，每个成员的重要性和相互之间的协作关系。什么样的任务更适合由团队而非个人来完成呢？可以通过以下维度来分析组织中的任务是否适合团队协作完成：

1. 任务的完整性

例如，任务是组装整个传动系统，外加安装车轮，而不仅仅是简单地给车轮上螺丝。

2. 多样化的技能要求

完成任务需要一系列技能，而这些技能分别为不同的个体所拥有。

3. 任务对依赖性和互动的要求

任务要求人们以相互依赖的方式一起工作、交流、分享信息，并讨论什么才是完成工作的最佳方法。

4. 任务的重要性

任务对于推动组织目标的实现，以及对社会的贡献至关重要。这些任务的重要性往往能够激发团队成员的使命感和责任感，使他们更加积极地投入工作，为实现更高的目标而努力。

5. 任务提供的学习机会

任务的多样性和复杂性也能够激发团队成员的创造力和创新思维。面对不同的任务，成员们需要思考如何更有效地完成任务，这往往能够激发他们提出新的想法和方法。通过实践这些新想法，团队成员既能够不断学习和成长，同时也能为组织带来新的价值。

6. 任务的可扩展性

任务能够不断发展，从而为团队成员提供更多的挑战，需要他们承担更多的责任，不断学习新的技能。例如，车间生产团队甚至可能会在产品交货期（从订货到交货的时间）以及产品定价方面与客户直接沟通。

7. 团队的自主权

团队的自主权是指团队在执行任务时所拥有的决策自由度。这种自主权可以覆盖从日常小事到重大决策的各个方面。自主权的范围广泛，从选择工作方法、分配任务，到决定工作流程和策略，都可能涉及。下面我们将深入研究自主权的问题，因为它是导致团队工作失败的一个重要方面。

创建一个团队，却不给他们自由和权力来决定如何以最有效的方式完成自己的任务。这种做法类似于赠送一辆性能卓越的公路赛车，却要求骑车者只能在有限的卧室空间内使用。尽管这种做法在逻辑上显得荒谬，但在许多组织的日常运作中，我们却经常目睹类似的场景。团队被赋予了执行任务的责任，却没有得到相应的自主权。这不仅限制了他们的潜力，也阻碍了创新和效率的提升。最终导致团队成员的期望无法得到满足，对团队协作也就失去了信念，团队协作也就成了大家该如何支持彼此的空想而已。团队的自治程度反映了团队在下列领域的影响力：目标的制定，生产什么，生产多少；在哪里工作，工作多久（何时加班，何时离开）；给定任务之外进一步活动的选择权，选择完成任务的方法，任务责任在团队内部的分配；团队成员的资格以及数量（什么人及多少人可以在团队工作），如何完成个体任务。

一支负责救助受灾船只的救生艇团队，很可能在每一个维度（任务的完整性、多样化的技能要求、任务对依赖性和互动的要求、任务的重要性、任务提供的学习机会、任务的可扩展性以及团队的自主权）都高度符合要求。然而，如果让这支团队去处理一些琐碎且技术含量低的任务，比如重新书写写错地址信件的正确邮编，那么它在这些维度上可能都无法达到要求。因为这样的任务不仅无法发挥团队的专业技能，还可能削弱团队的士气和效率。

三、团队构成的五要素

建立任何组织和团队，都离不开五个基本要素（见图 1.1），这五个基本的要素简称“5P”，是五个单词的首个字母，分别是：目标（purpose）、定位（place）、权限（power）、计划（plan）和人员（people）。

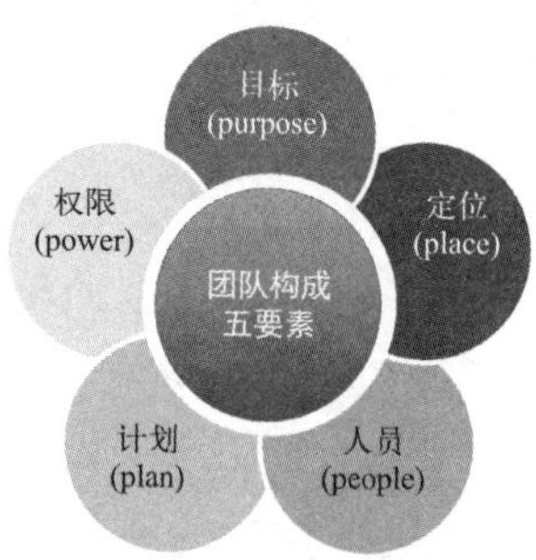

图 1.1　团队构成的五要素

1. 目标（purpose）

任何团队在组建之初，都离不开目标这个要素。没有目标，就没有团队。因此，树立明确的目标应贯穿于团队管理的始终，其他一切都应为目标服务。目标是什么？目标就是团队或企业要解决什么样的问题？要完成什么样的任务？只有共同的目标，才能引领团队驶向成功的彼岸。

人类生来就具有社会属性，对归属感有着天然的渴求。任何组织的诞生，都是基于人们之间共同的需求。只有当团队成员共享一个清晰的愿景与目标时，他们才能明确自己的角色和任务，从而形成一个高效的团队。这个团队能够将工作中相互联系、相互依存的人们团结起来，共同面对挑战。没有共同目标的团队，其凝聚力和生存能力将面临严峻的考验。

2. 定位（place）

定位，指的是团队在企业中处于什么样的身份。比如团队是什么类型的？是生产型的还是服务型的？是计划型还是发展型等？团队的工作任务是什么？团队是对谁负责？针对团队的定位，就可以为团队制定一些制度规范，明确团队的任务，以便更好地融入整个组织当中。

3. 权限（power）

权限，是指团队负有的职责和相应享有的权利大小。在一个企业中，权责利的合理配置会影响整个团队的工作积极性及主动性。如果权责利不清楚，内部会出现相互推诿扯皮的现象。很多创业公司在初创的时候内部都是很团结的，但是后来内部出现分歧，导致分道扬镳，这就是因为没有确立合理的权责利。如何确定团队的权限，需明确以下问题：

团队的工作范围是什么？它能够处理可能影响整个组织的事务吗？它的工作重心集中在某一特定领域吗？不同团队的职责界限是什么？你所组建的团队在多大程度上可以自主决策？

4. 计划（plan）

计划，就是对团队成员工作进行分配。一个好的团队计划需明确以下问题：

一个团队有多少成员才合适？团队需要什么样的领导？团队领导职位是常设的还是由成员轮流担任？领导者的权限和职责分别是什么？应该赋予其他团队成员特定职责和权限吗？各个团队应定期开会吗？会议期间要完成哪些工作任务？预期每位团队成员把多少时间投入团队工作？如何界定团队任务的完成标准？如何评价和激励团队成员？

5. 人员（people）

团队的最后一个要素是人员问题。目标、定位、权限、计划都确定好后，具体的执行还在于人。当然，每个企业的情况不一样，具体要用什么人，是要综合考虑人员的能力、素质、学识水平等因素，以及这些人员是否能配合团队去完成既定的目标。以上这几个因素都是构建一个高效团队所必需的。只有考虑清楚了每个要素背后的意义，做好详尽的计划，才能保证团队的高效运转。

四、团队发展的四阶段理论[1]

团队发展的四阶段分别为：组建期、激荡期、规范期、成熟期（图1.2）。这四阶段是所有团队建设所必需的、不可逾越的，团队在成长发展、迎接挑战、处理问题、发现方案、规划、评估结果等一系列经历过程中必然要经过上述四个阶段。

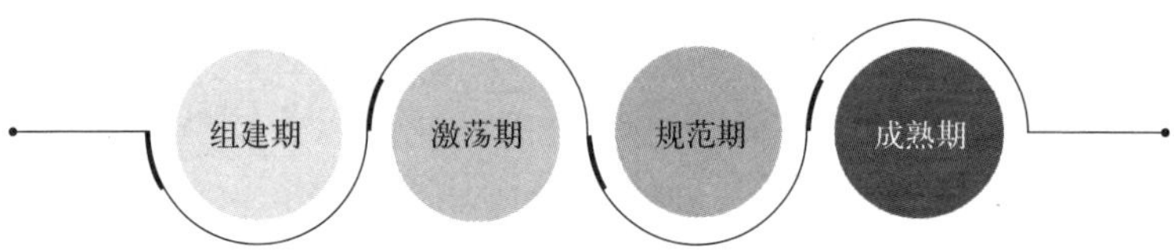

图 1.2　团队发展的四阶段

第一阶段：组建期

每个人都有加入新团队的经历和感受。激动、困惑、矜持、观望是团队组建期成员的主要特点。组建期的团队缺乏清晰的工作目标，工作职责与标准也不明确，缺乏顺畅的工作流程，成员间缺乏有效的沟通，个人的角色定位不明确，部分成员还可能表现出情绪不稳定、忧虑等特征。

组建期的主要工作是明确方向、确定职责、制定规范与标准、进行员工培训。团队负责人一定要向团队成员说明工作目标、工作范围、质量标准及进度计划，并根据具体的工作目标要求对团队成员进行技能和知识培训。团队负责人要让团队成员参与探讨工作计划，主动和他们进行平等而真诚的交流，消除团队成员的困惑与忧虑，确保团队成员之间建立起一种互信的工作关系，设想出成功的美好前景并达成共识，以激励团队成员。

第二阶段：激荡期

在团队组建阶段之后，成员们通常会对团队的未来发展充满信心。然而，这个阶段也可能伴随着观念的激烈竞争和碰撞，导致人际冲突和团队

---

[1] 团队发展的四阶段理论是由布鲁斯·塔克曼（Bruce Tuckman）于 1965 年提出的，该理论将团队的发展划分为四个阶段：组建期（forming）、激荡期（storming）、规范期（norming）和成熟期（performing）。后来，塔克曼又在 1977 年将第五个阶段——休整期（adjourning）添加到了模型中。

分化。在这一时期，团队成员可能会更加强调个人性格特征，对团队的目标、期望、角色和责任产生不满和挫折感，这些情绪可能会逐渐显露出来。团队成员间、团队和环境间、新旧观念间会出现矛盾，甚至负责人的权威都面临挑战，团队组建初期确立的原则也会受到冲击与挑战。作为团队负责人，应具有解决冲突和处理问题的能力，创造出一个积极向上的工作环境。激荡期首要的是如何安抚人心。首先要认识并处理各种矛盾和冲突，比如某一派或某一个人力量绝对强大，那么作为领导者要适时地平衡这些权威和权力，绝对不允许以一个人的权力打压其他人的贡献；同时，要鼓励团队成员就有争议的问题发表自己的看法。要善于做引导工作，想方设法化解矛盾，而不应置之不理或进行权力压制。这一时期，如不能因势利导，防患于未然，团队就会面临溃散的危险，至少也会在团队发展的道路上埋下了隐患的种子。

在团队发展的这个阶段，制定明确的工作规范和标准至关重要。缺乏这些规范和标准可能导致团队运作的不均衡，进而成为冲突的根源。因此，领导者在管理过程中必须确保规范的建立，并以身作则，遵守这些规范。通过这种方式，领导者不仅能够树立榜样，还能够促进团队成员之间的公平感和信任感，从而减少冲突，提高团队的整体效能。

第三阶段：规范期

通过第二个阶段的磨合，团队进入规范期。规则、流程、价值观、行为准则、方法、工具均已建立，人们的工作技能开始慢慢地提升，新的技术慢慢被掌握。团队成员之间开始建立起互谅互让互助的关系。成员的目光重新集聚到工作上来，关注目标与任务，团队成员有意识地解决问题，实现团队和谐。他们开始关心彼此的合作和团队工作的开展，并逐渐适应环境、技术和各种规范的要求。

团队要顺利地度过第三个阶段，最重要的是形成团队的文化和氛围。团队精神、凝聚力、合作意识能不能形成，关键就在这一阶段。这一时期最大的危险是团队成员对激荡期存在的问题心有余悸，害怕引发矛盾而不敢表达自己的观点。作为团队的负责人，在这一时期的主要工作，就是通过激励来使他们放下各种心理上的包袱，提高责任心和相互信任度，使他们将行为标准和工作任务紧密地结合起来。拿破仑认为，在有效地管理下属问题上，荣誉比鞭子重要得多。这也正符合马斯洛需求层次理论：尊重和自我实现是更高层次的需要。激励是多种因素的综合，这时期的团队建设，可从以下角度切入：鼓励建议，让成员在多提意见的过程中，感觉到团队的发展与自己休戚相关；实行参与制，让每个成员认识到自己是团队中的一员；压担子，通过授予成员工作，激发他们的责任心；进行表扬和奖赏，增强他们的积极性和忠诚度。但是，实施激励应该在工作过程中，而不应只是在工作完成时。当然，除激励之外，规章制度的约束和惩罚也是必不可缺的辅助手段。

第四阶段：成熟期

这一阶段团队展现出开放、坦诚和及时沟通的氛围，成员们运用多样化的技巧共同应对挑战。通过规范化的管理制度和标准化的工作流程，团队能够有效地进行沟通、解决冲突和分配资源。成员们自由而建设性地交流观点和信息，共同分享完成任务的使命感和荣誉感。这种积极的团队文化有助于提高团队的凝聚力和执行力，推动团队向着共同的目标前进。

“领导者要干自己的事，不干别人能干的事”，这是现代领导方法的基本法则。对于成熟期的高绩效团队，团队负责人应掌好舵而不是划桨。团队负责人应集中精力关注预算、进度、计划、业绩和成员的教育培训等事关全局的大事，其他事情应进行授权管理。同时，这个阶段团队负责人要根据业务发展需要，随时更新工作方法与流程，推动经验与技术的交流，提升管理效率，营造高绩效的团队文化，集中团队的智慧做出高效决策，通过成员集体的努力去追求团队的绩效。

五、贝尔宾团队角色理论

基于对英国 Henley 管理学院中超过 200 支参加管理业务比赛团队的研究，贝尔宾识别出 9 种团队角色类型。几乎每个人都是数个角色的混合体，并且每个人都有其主要和次要的角色。

1. 协调者

协调者属于以人为本的领导类型。他对同事充满信任，能够接纳意见，具有主导能力且致力于达成团队目标。协调者是积极的思考者，支持他人为目标进行追寻、拼搏与努力。协调者有着足够的包容度，总能耐心倾听他人意见，但同时也具备果断拒绝他人不合理建议的魄力。协调者在团队中或许并不那么引人注目，其通常也未必拥有超凡的智力水平。（外倾性）

2. 鞭策者

鞭策者是一个以任务为中心的领导者。他有着异乎寻常的干劲和强大的实现目标的动机，对他来说，一切都是为了获胜。鞭策者致力于达到目的，并且还“鞭策”他人去达到团队的目标。为了实现目标，他会挑战权威，与人争论或直接反对，并表现出侵略性。根据贝尔宾的说法，如果在一个团队中有 2 ～ 3 个鞭策者，就会导致冲突和纷争。（情绪稳定性）

3. 智多星

智多星以其卓越的智慧和独创性著称。他们通常拥有高智商，性格内向，行事果断。在团队合作和问题解决方面，智多星倾向于采取积极主动的策略，专注于解决宏观问题而非琐碎细节。然而，他们有时可能会因为过于关注大局而忽视了实际操作中的细节。此外，智多星在辩论中可能会表现出强烈的个性，有时这可能导致与他人的激烈争论。（经验的开放性）

4. 外交家

外交家是那种很少在办公室里安坐的人——即便在，也往往是在进行电话沟通。他们热衷于探索新机会和建立广泛的联系。作为出色的谈判者，外交家擅长从他人处获取信息，他们支持、利用并发展他人的想法。他们具有极佳的社交能力，热情洋溢，擅长联络工作，并能够积极地探索团队之外的资源。不过，外交家有时在对某个想法产生初步兴趣后，可能会迅速失去热情，而且他们通常不是这些想法的原创者。（外倾性）

5. 执行者

执行者忠于团队的外部责任，纪律严明、老实本分，并且有着积极的自我认知。他们个性坚强、务实、信任同事、吃苦耐劳，并且尊重传统。他们的特点是焦虑感低，并倾向于以实际、现实的方式为团队效力。执行者对于大型组织内的职责划分心存敬畏。他们往往会做那些其他人不愿意做的工作并做得很好，比如纪律监察。执行者保守、缺乏灵活性，对于新出现的机会往往反应迟钝。（尽责性）

6. 监测评估者

监测评估者以其智慧、审慎和敏锐的洞察力而闻名，他们对目标的追求更加理性和冷静。在面临关键决策时，他们尤为重要，因为他们有能力评估不同的提案。监测评估者不会被情绪带偏方向，他们的思考严肃而理性。因为需要对事情考虑周全而往往作决策较慢，但也因此而拥有极少出错的声望。缺点是他们可能显得枯燥乏味甚至是过于挑剔。在激励他人方面，监测评估者可能不是最擅长的。通常，那些在组织中担任领导职务的人往往是这类性格的典型代表。（情绪稳定性 + 尽责性）

7. 凝聚者

凝聚者擅长通过积极的干预来预防潜在的冲突，并能够巧妙地引导团队中的“刺头”发挥其积极技能，以促进团队目标的实现。他们为团队注入活力，激励其他成员做出有价值的贡献。凝聚者的沟通技巧和幽默感是团队的宝贵资产。他们擅长倾听，对于处理棘手的人际关系有着独到的见解。他们交际能力强，情感细腻，以人为本。不过，他们在紧急情况下可能会显得犹豫不决，因为他们不愿意做出可能伤害他人的行为。（宜人性）

8. 完成者

完成者都是“细节主义者”。他们追求完美，致力于将任务完成得无懈可击。这种持之以恒的精神，使他们在工作中表现出一贯的专注与执着。他们并不追求表面的辉煌成就，而是注重实际的成果与质量。然而，根据贝尔宾的理论，这类人可能面临焦虑的挑战，并且有时难以将任务委托给他人，因为他们对工作的标准和完成度有着极高的要求。（尽责性）

9. 专家

专家们凭借其深厚的专业知识和技术专长，为团队贡献了宝贵的资源。他们通常性格内向，可能带有一些焦虑，但这些特质往往被他们强烈的自我驱动力和对工作的专注所抵消。他们全身心投入自己的领域，追求卓越。然而，专家型个体有时可能会因为过于专注于自己的专业领域，而显得对团队其他成员的目标不够关心；或者在思维上可能较为单一，不够开放。（情绪稳定性）

第二节 团队失败的原因与类型

构建一个成功的团队，首先要识别可能导致团队失败的因素，以及在团队合作过程中可能遇到的障碍。通过深入了解这些潜在问题，我们可以采取相应的策略来预防和克服它们，从而为团队的成功打下坚实的基础。

一、低效团队的特征

从解决问题的角度考虑，低效团队大致可划分为两大类：一类是由低效管理导致的，管理者在团队管理中所犯的错误可能是管理者能力问题，也可能是公司现有体制和文化导致的；另一类之所以低效，主要是因为成员组合不当。此时，对团队采取补救措施很不容易，因为其中有些问题涉及人际关系的纷争，有些微妙因素在起作用，并没有见效的良方。其中第二类低效团队是很典型的，因为各种障碍阻碍了团队成员找到自己喜欢的角色，即使那些能适应自己团队角色的人也是如此。

有些人虽然具备为团队带来价值的潜力，却常常无法充分发挥。这可能是因为他们的自然团队角色被阻碍，或者是因为表面上看起来没有这样的角色需求，或者是因为他们与其他团队成员存在竞争。这并不是说他们的团队角色会被其他人取代。实际上，一方面，人数过多可能会导致效率低下；另一方面，一个人的力量也是有限的。同样，如果一个人总是受到他人的制约，那么他也很难有所成就。

面对这样的挑战，企业不应过于悲观。实际上，通过重新配置团队成员，往往能够激发团队的潜力，打造出高效的工作团队。一位大型集团的执行董事对此有着深刻的见解："如果现状不佳，就重新洗牌。"这表明，即使是随机的人员调整，也有可能提升团队的整体表现。

二、团队失败的常见原因

团队之所以会失败，主要是两个方面的原因导致的。一是团队能力不足；二是团队内耗。

（一）团队能力不足

团队能力不足主要表现在三个方面：团队整体、团队成员、管理者。

团队整体：团队整体没有明确的合作流程和机制，团队内部没有明确的责、权、利划分，分工不明确，最后导致"三个和尚没水吃"的现象。

团队成员：团队成员能力不足以匹配目前的工作岗位，并且也没有得到相应的培训与培养。团队成员思维僵化，在团队中不能发现问题、解决问题。

管理者：凡是抱怨团队能力不足的管理者，99%都是自己在人才的选择、配置、管理或培养上出现了问题。

（二）团队内耗

团队内耗对业绩和氛围的负面影响是巨大的，严重时甚至可能危及企业的生存。内耗主要表现为部门间的不和谐、内斗和工作进度的拖延。这些矛盾可能导致效率下降，甚至引发公司破产。小规模的内耗则体现为员工间的不协调和冲突，这同样会降低工作效率，破坏公司文化。要减少团队内耗，以下四个步骤非常重要：

1. 让团队有相同的目标

企业或团队要想取得成功，首先需要设定一个共同的、宏伟的目标。缺乏明确目标会导致成员行动无序，缺乏方向感。一旦目标清晰，团队成员就能集中精力，朝着同一方向努力，这能有效地减少内耗。简而言之，明确的目标是团队协作和减少内耗的关键。

2. 形成团队共同的价值观

拥有相似价值观的人更容易建立友谊。因为价值观的差异往往会导致沟通障碍，甚至失去交流的兴趣。在企业环境中，如果将价值观不同的人安排合作，可能会导致他们无法充分发挥个人能力，产生严重分歧，引发紧张关系和冲突。这种固执己见、互不相让的态度，最终会耽误企业的重要事务，造成严重的内部消耗，影响企业的核心竞争力。

3. 坦诚沟通

沟通是消除误解和缓解紧张关系的关键。在团队中，许多内耗源于成员间的误会和紧张情绪。这些往往因为缺乏沟通而影响整个项目的进展，同时消耗团队的精力。因此，团队领导应致力于营造一个开放和坦诚的沟通环境，鼓励员工充分交流意见。每位员工不仅应自由表达自己的观点，还应愿意倾听并接受他人的意见。通过这样的相互沟通，可以消除隔阂，增进相互理解，从而有效减少内耗。

4. 优秀的领导

成长于不同家庭背景的个体往往拥有不同的个性，这些性格差异在团队合作中可能成为障碍，也是团队内耗的一个源头。然而，优秀的领导者能够巧妙地调和这些差异，将不同性格特点转化为团队的互补优势，从而实现协同效应，发挥出 1+1 ＞ 2 的团队效能。

一个优秀的团队需要减少内耗，将效率提升至最高。只有效率高、团结一致的团队才称得上真正的团队。因此，降低内部消耗，提高合作效率是团队成功的基础。

三、团队协作失败的五项机能障碍

帕特里克·兰西奥尼基于丰富的企业管理经验和实例分析，指出影响团队中协作的机能障碍主要有五个，它们分别是：信任缺失、惧怕冲突、欠缺投入、逃避责任、无视结果（图 1.3）。更直观地说，团队协作失败从根本上是由于信任缺失而产生的连锁效应。

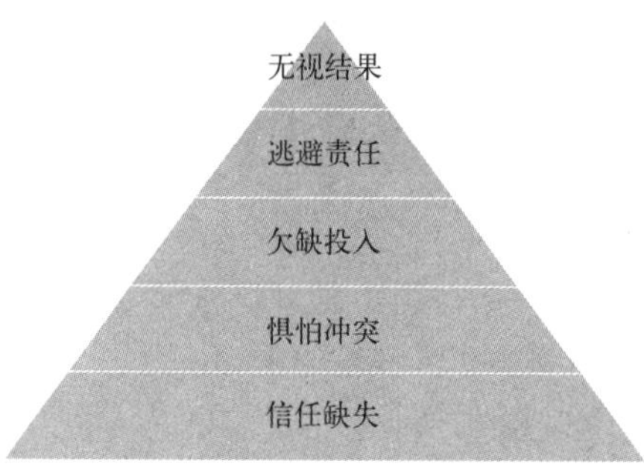

图 1.3　团队五项机能障碍

（一）信任缺失

问题原因：信任缺失起源于团队成员普遍担心成为他人攻击的目标。这种担忧使得成员们不愿意敞开心扉，主动承认自己的不足，从而阻碍了相互信任的建立。

信任缺失的直观表现和缓解措施见表 1.1。

表 1.1　信任缺失的直观表现和缓解措施

直观表现	缓解措施
① 隐藏自己的弱点和错误 ② 不愿请求别人帮助，也不愿帮助别人 ③ 不愿为别人提供职责以外的帮助 ④ 不愿承认和学习别人的技术和经验 ⑤ 对别人抱有不满和怨恨 ⑥ 惧怕开会	① 增强团队成员之间的了解 ② 指出同事最大的贡献和需要改进的地方 ③ 通过性格测试了解团队成员的性格特点 ④ 开展 360 度意见反馈，听取建设性批评意见 ⑤ 通过外出的团建活动，使团队成员放下戒备心，实现心与心的连接

（二）惧怕冲突

问题原因：缺乏信任的团队无法进行直接而激烈的思想交锋，取而代之的是毫无针对性的讨论，以及无关痛痒的意见。

惧怕冲突的直观表现和缓解措施见表 1.2。

表 1.2　惧怕冲突的直观表现和缓解措施

直观表现	缓解措施
① 团队会议非常枯燥 ② 背后人身攻击 ③ 避免讨论容易引起争论的问题 ④ 不能正确处理团队成员的意见和建议 ⑤ 把时间和精力浪费在表面形式上	① 挖掘争论话题 ② 实时提醒 ③ 其他方式（测试不同的性格类型和行为特点），如 DISC 性格测试

（三）欠缺投入

问题原因：如果团队成员未能真正投入并积极表达自己的观点，那么在会议中即使表面上达成了共识，实际上也难以形成真正的统一意见和有效决策。

欠缺投入的直观表现和缓解措施见表 1.3。

表 1.3　欠缺投入的直观表现和缓解措施

直观表现	缓解措施
① 队伍指令和工作任务模糊不清 ② 不必要的拖延和过多的分析，错过商机 ③ 缺乏自信，惧怕失败 ④ 反复讨论，却无法决定 ⑤ 团队成员对做出的决定反复质疑	① 统一口径 ② 确定最终期限 ③ 提前进行意外和不利情况的应对分析 ④ 采用低风险激进法

（四）逃避责任

问题原因：因为投入不够且不能达成共识，团队成员就会逃避责任。由于在计划和行动上未能达成真正的一致，即便是最尽职尽责的成员，在发现同事的行为损害集体利益时，也可能因为犹豫不决而选择不予指出。

逃避责任的直观表现和缓解措施见表 1.4。

表 1.4　逃避责任的直观表现和缓解措施

直观表现	缓解措施
① 对团队里工作表现突出的同事心怀怨恨 ② 缺乏明确的时间观念，甘于平凡 ③ 把任务压在团队领导一个人身上	① 公布工作目标和标准 ② 定期进行简要成果回顾 ③ 设立团队嘉奖

（五）无视结果

问题原因：团队成员未能相互担责和督促，而是将个人需求（例如，个人利益、职业发展或能力认可）或部门利益置于团队整体利益之上。这种现象削弱了团队的凝聚力和执行力。

无视结果的直观表现和缓解措施见表 1.5。

表 1.5　无视结果的直观表现和缓解措施

直观表现	缓解措施
① 团队整体无法取得进步 ② 无法战胜竞争对手 ③ 失去得力的员工 ④ 过度鼓励团队成员注重个人职业前途 ⑤ 团队很容易解体	① 公布团队整体工作目标 ② 奖励集体成就

第三节
团队领导

团队的核心是领导。“火车跑得快全靠车头带”，管理者作为团队的火车头，在团队管理方面应该承担哪些工作呢？

团队领导者有三个任务，也称团队领导三要素，即：领导团队、管理团队、辅导团队。

领导是长远性的，关注战略方向、人员管理、权力分配和控制等问题；管理聚焦于中期计划和目标明确化；辅导涉及与团队成员的日常互动。这三个要素都是确保团队效能的关键组成部分。

一、领导团队

领导是一个旨在激励和引导团队的战略性干预过程。团队领导者通过鼓励成员以合作和互助的方式工作，不断强化团队完成任务的信心和潜力。成为一名优秀的团队领导者，需要具备敏锐的直觉、准确的判断力、勇于承担风险的勇气，以及坚定的信心和个人魅力。

（一）领导工作的四个方面

1. 领导工作的核心在于打造一个真实而不仅是名义上的团队

当被问及组织内团队合作的情况时，一些管理者可能会回答“我们都在一个大团队中”，而这个所谓的“大团队”可能包含数百甚至数千人。虽然一个组织中充满积极和互助的氛围是值得称赞的，但这并不等同于团队协作。领导一个团队意味着要创造成功所需的条件，为团队工作设定一个吸引人的方向，设计能够激发团队高效运作的结构，确保组织提供必要的支持以完成工作，以及精准把握领导干预的时机，这需要通过系统训练来实现。换言之，领导者必须通过实践来磨炼他们的领导技能，就像通过定期训练来提高跑步成绩一样。

2. 领导工作包括清晰传达团队工作方向，确保其既吸引人又有指导性

领导工作并非完全的民主过程。如果完全让团队成员自行解决问题，他们可能会在不确定性中迷失方向，或因追求多个目标而陷入混乱。领导者的职责是提供清晰的整体方向，尽管在团队能力强大时，也可以通过集体决策来确定团队的发展方向。以一个财务咨询公司的养老金团队为例，他们的追求方向是：为客户提供超出预期的养老金账户咨询服务。为实现这一目标，团队关注客户的真实需求，并以易于理解的方式提供一系列吸引人的选择。他们致力于打造一个互助且专业的团队，并努力确保每位成员都能获得积极且令人振奋的工作经验。

这个团队的领导者为团队描绘的愿景是富有挑战性的，从而激发了团队成员的动力。同样，我们需要的也是清晰的、富有挑战性的目标，而不是那些泛泛的、所谓“尽最大努力”的目标。从以上描述中可以看出，这个团队的愿景非常明确，因为它为成员提供了明确的方向，并确保他们的工作与团队目标保持一致。最终，实现愿景便成为水到渠成的事。团队成员理解愿景对于客户和自己的价值，因此他们会全力以赴确保愿景得以实现。因此，他们会贡献自己的知识、技能和创造力来实现愿景。

3. 领导工作还意味着按照高效运行的原则，设计或塑造团队

领导者怎样才能学会塑造自己的团队呢？他们需要在塑造团队任务、团队权威、团队规模、成员组成、团队任期规划等关键领域投入努力。这意味着要将任务设计得必须依靠团队共同努力才能完成（如在大草原上捕捉羚羊）。同时，这一任务必须具有挑战性。具体而言，它需要一系列高水平的多样化技能，代表一项整体工作，对组织或社会而言具有重要价值。团队领导者需要为团队提供清晰的工作授权，包括授权的具体范围，并提供明确且有益的反馈。在确保任务完成的前提下，团队规模应尽可能精简。因此，领导者在组建团队时必须谨慎考虑成员数量，以确保团队的质量和任务完成的效果不受影响。

团队成员应具备多样化的经验、技能和专业特长，同时，团队的人口统计学特征，如年龄、性别和文化背景，也应体现多元化。所有团队成员都应是出色的团队合作者，具备团队合作所需的知识、技能和态度。他们需要有足够的时间共同工作，以掌握团队合作的技巧——这表明团队成功需要成员有较长的任期。团队领导者应每六个月对团队设计的这些方面进行一次审查，并考虑是否需要调整团队结构。通过实践这些设计要素，领导者将逐渐提高领导团队的能力，就像雕塑家或工程师一样。他们可能会犯错误，但正是这些错误帮助他们学习和提升自己的技能。

4. 领导工作还包括赢得组织的支持，以确保团队取得成功

领导者需要确保团队成员获得适当的激励、与工作相关的培训、必要的资源（如 IT 设备）、适宜的办公环境，以及组织绩效和战略方向的关键信息。这些要素有助于确保团队能够为组织做出恰当的贡献。显然，争取团队所需的支持不仅是为了更有效地完成任务，也是为了提升团队成员的满意度和促进他们的成长。有能力的团队领导者会积极影响组织中的相关人员，确保团队能够顺利开展工作。

为了促进团队成功，领导需要精准把握干预的时机。团队成员对领导者干预最为敏感的关键时刻包括：团队初建时期，工作进展到中间点，工作到达自然间歇点，以及团队成果完成或绩效周期结束时。在团队努力寻找工作节奏或处于高强度工作状态时，领导者应避免干预，以免影响团队效能。

（二）高效领导的本质

高效团队领导力的核心在于明确并传达一个清晰的愿景，同时激励团队成员围绕这一愿景和战略目标共同努力并实现它。这要求领导者对团队的工作展现出热情和激情。此外，高效领导还涉及帮助团队成员建立联系，促进相互欣赏，并教导他们如何建设性地应对和解决分歧。成长与发展是人们内在的强烈需求，因此领导者需要协助团队成员协调行动，持续改进工作绩效，并促进个人能力的提升。为了实现这一目标，领导者可以鼓励团队成员灵活调整工作方法，客观分析团队流程，并共同探索更有效的合作方式。

一个好的团队领导者也必须代表团队的利益，这包括维护团队的声誉，帮助团队与其他团队、部门和高级管理人员建立信任，并创造性地解决团队与这些群体之间的冲突。领导者还要培养成员对团队的身份认同，组织庆祝团队的成功、热情欢迎新成员的到来、真诚欢送老成员的离开，这些都有助于建立这种团队成员的身份认同感，为团队成员创造一个积极、健康和被认可的家园。大多数好的领导都是善良的，这是每一个成功的社会群体或团队的核心所在。事实上，最近的有关研究都集中在团队中的服务型领导这一概念，并证实了其与团队能力和团队有效性的相关关系。服务型领导体现在以下七类团队领导者的行为上：行事符合道德要求；情感抚慰；将成员放在第一位；帮助团队成员实现个人成长和成功；授权；为所在社区创造价值；拥有概念技能。

二、管理团队

团队领导者的第二项关键任务是管理，这包括确保团队成员对团队目标、个人角色以及个人目标有清晰的认识。管理团队涉及设定明确的团队目标、进行角色分配和搭建组织结构，并定期进行审查。此外，还需要向团队成员提供正式的绩效反馈，确保他们了解自己的表现情况。

（一）管理团队需要制定明确的团队共同目标

团队必须通过协商将领导者设定的那个引人注目的整体方向具体化。领导者必须确保组织目标、团队方向和团队目标之间具有高度的一致性。这些目标必须得到明确的表述，以使团队和组织内部的其他人都能理解，同时也有利于对团队的成功进行评估。

（二）管理团队需要澄清团队成员的角色

团队领导者进行有效管理的前提是确保每个团队成员的角色对所有成员都是清晰明确的。同样关键的是，每个角色的承担者都应具有一定程度的不可替代性。每个角色都应对团队的工作至关重要，并有助于实现团队目标。

（三）管理团队需要发展个体角色

为了确保团队的有效运作，团队成员需要感到自己的角色和任务具有价值，并且整体工作为他们提供了成长、发展和磨炼技能的机会。为了维持动力、热情和投入，人们需要真正有趣的任务，这些任务能够挑战自我、激发创造力并促进技能发展。管理工作的一部分是帮助团队成员每年设定目标，这些目标不仅能让他们充分发挥自己的技能，还能激励他们持续学习，并带来内在的满足感。

（四）管理团队需要评估个人对团队的贡献

团队领导者在评估个人业绩方面扮演着关键角色，他们需要确保团队成员对整体目标的贡献得到正式评估，从而使每个人都能收到关于自己业绩的明确反馈。这种反馈通常是年度进行的，但频繁的反馈同样具有其独特的价值。

为了在工作中获得成长和发展，成员个体也需要定期获得关于自身表现的建设性的反馈。传统做法是通过年度评估或绩效面谈来完成的，由个体成员的直接领导对其年度表现提供反馈。然而，日趋扁平的组织结构导致控制范围不断变大，每个员工的联系网络也变得越来越宽广，这使得传统的反馈手段逐渐失效。此外，这也符合了“团队成员被团队而非仅由领导一人来评价”的团队哲学。

团队的反馈机制非常简单：它要求团队成员相互评估技能和表现，并从团队领导及所有成员那里收集反馈（通常通过问卷调查形式）。这些问卷往往包含对特定能力的评分，例如团队合作能力等。随后，需要对问卷结果进行分析，并向每位团队成员提供反馈。这种方法可以改善团队的沟通过程，增强成员的主人翁意识和参与感，加强团队反馈的理念。该方法可以为团队成员提供有关下列内容感知价值的信息：对团队产出的贡献（根据由团队总体目标得出的预定目标进行评价）；在自身团队角色方面的表现；在团队沟通、目标设定、给予其他团队成员反馈、规划和协调、协同解决问题、解决冲突、创新和提供支持等方面的贡献；对团队氛围或团队工作模式的贡献。

团队成员获取反馈通常有如下几种方式：

① 团队领导者收集团队成员对预定问题的意见，整理信息并向个人提供反馈意见；

② 在回顾团队成绩的同时讨论个人表现，这种讨论有时还会借助外部专家的力量；

③ 授权一个小组针对绩效的个别方面开展评估，并向成员提供该方面的反馈意见。

这一过程应该帮助成员明确自身的工作目标，让他们感受到尊重、支持和自身的价值，并帮助他们发现实现个人成长的路径。

（五）管理团队还需要提供关于团队绩效的反馈

团队可以从明确的、富有建设性的反馈意见中获益良多，但这一点通常被团队成员的报告所忽视。团队成员会获得关于他们自身表现的反馈，但团队的表现却很少得到系统的评估。在一个以团队为基础的组织中，应该注重制定团队表现的衡量标准，以便衡量相应的团队。可以按照下列指标评估团队：

① 团队的产出：团队的绩效最好由团队的“客户”进行定义和评估，无论团队的任务是生产部件、治疗患者还是提供服务。

② 团队的可持续性：团队持续共同工作的能力。如果团队中存在成员不愿与另一成员继续合作的情况，这表明团队在维持成员间良好合作关系方面存在不足。

③ 团队成员的成长和幸福感：团队成员的学习、发展和满意度。在运作良好的团队中，成员会持续向彼此学习。

④ 团队成员的心理健康和工作投入度：成员从团队工作中直接得到的

幸福感和满足感。

⑤ 团队创新：团队是否采纳新的、改进的工作方式，是衡量其运作效果的重要指标。团队本质上应是创造力和创新力的孵化器，因为它们汇集了拥有不同知识、取向、技能、态度和经验的个体，为创新提供了理想的环境。

⑥ 团队间关系：与组织内其他团队和部门的合作情况。团队不仅要有内部凝聚力，还必须与其他团队和部门有效地合作，以交付货物或服务。否则，团队凝聚力可能只会变成加剧组织内隔阂的铜墙铁壁，进而破坏组织目标的实现。

管理团队时，领导者需要提供对团队绩效的观察，并尽可能多地基于客观的定量和定性数据提供反馈。这一过程应包括那些受团队工作直接影响的各方反馈，例如内外部客户的反馈。以客户服务团队为例，经理可能会通过多种方式收集反馈，包括常规的客户满意度调查、客户对售后服务的评价以及客户对问题解决效率的看法。

（六）管理团队需要回顾群体进程、战略和反思目标任务

团队应定期抽出时间来回顾它们正在使用的方法、目标和程序，并酌情进行修改。美国组织心理学家克里斯·阿吉里斯（Chris Argyris）创造了“双循环学习”（double-loop learning）这一术语，用以描述团队和组织在评估“它们是否在做正确的事情”与评估“它们是否在正确地做事情”时存在的差异。阿吉里斯认为，许多组织只考虑它们的效率如何，也就是说它们是否在“正确地做事”。例如，金属弹簧的制造商可能主要花时间关注正在生产的弹簧中是否存在正确的张力，以获得更大的市场（正确地做事）；而不是开发一种全新的弹簧类型，应对不断变化的市场（做正确的事情）。双循环学习的核心在于“再向前一步”，即询问组织或团队是否在做正确的事情。例如，对一个制造商而言，在竞争激烈的市场中生产无线网络设备可能是“不正确的事”，“正确的事”应该是转型成为一个提供云网络服务的组织。

管理团队需要领导者确保团队内部的双循环学习机制（即反思机制）保持在高水平。这可能需要回顾审查团队的目标、方法、结构和流程。在复杂的决策型团队[1]中，此类回顾应至少每六个月进行一次。在此过程中，团队要讨论上一期获得的成功、遇到的困难以及遭遇的失败。

[1] 决策型团队是为达成高质量决策而组建的。该类团队由不同专业背景的成员构成，他们交流共享信息，运用分析方法和工具，权衡利弊，考虑多重影响因素，通过包容整合观点，发挥集体智慧，以制定符合组织利益的决策，确保决策的科学性和有效性。

团队管理者肩负着对团队日常工作按下“暂停键”，以及进行回顾的责任。尽管有人可能质疑在繁忙工作中抽出时间进行反思是否合理，但有充分的证据显示，进行这种回顾的团队比不进行的团队更为高效。我们经常观察到，压力最大的团队往往效率最低，也最不愿意投入时间来审视他们的策略和流程。这就像一个人在跑步机上快速奔跑，以至于没有意识到停下来的机会，更不用说改变方向或选择乘坐电梯。这些团队变成了忙碌而无目标的“无头苍蝇”。

三、辅导团队

辅导是指领导者通过频繁和具体的支持、鼓励、指导和反馈，帮助团队实现其目标和潜力的日常工作。这也是促成团队成员付出个人和集体努力的过程。想象一下足球比赛中站在场边的教练，其角色与团队领导者的辅导角色很相似。辅导的概念基于两个条件：一是在适当方向上提供指导；二是创造条件，使团队成员可以自己找到提高工作绩效的方式。

辅导是对团队日常流程的梳理和管理，其关键在于倾听，而不是下达行政命令。管理侧重于监控、提供反馈以及传达更大范围的相关信息，而辅导则是一个不太正式的过程。在这一过程中，领导者倾听团队成员的意见，支持他们并向他们提供忠告、指导和建议。哈克曼和韦格曼提出了一个团队教练理论，概括了领导者辅导团队的三个核心方式：

① 通过增加承诺感和身份认同感、减少社会惰化效应，激励团队成员；

② 通过尽量减少无用功、确保协调有效和任务聚焦，鼓励高效工作绩效策略；

③ 确保成员的知识和技能得到有效开发和利用。

辅导团队的四项基本技能如下：倾听、辨识和感情流露、提供反馈、达成目标共识。

（一）倾听

这是团队辅导的基本技能，包括以下四个要素：积极倾听、开放倾听、拟定计划和反思倾听。

1. 积极倾听

积极倾听意味着把精力投入听的过程。很多人在与团队成员会面时会习惯性地频频点头，看起来对别人讲的内容既关心又有兴趣，实际上心思却并不在此——而是在考虑之前的会议内容。积极倾听则意味着要积极关注此时此刻在你面前的团队成员，并努力理解他们在说什么，也就是所谓的聚精会神。积极倾听需要持续的练习（练习专注力是成为一个好的积极倾听者、领导和团队教练的有效途径）。

2. 开放倾听

开放倾听是指以开放的心态聆听，并且在对方表述完自己的想法之前不做判断。这意味着在对方提出问题或者描述完事实之前，团队领导者不应该假定自己知道答案。以开放的心态聆听，还意味着在彻底探讨一个问题或者充分解决一个问题之前，应该暂缓做出判断。解决问题的最佳策略，是在尝试解决问题之前，先花足够的时间来澄清问题，为错误的问题寻找解决方案，显然不是一个有效的做法。因此，团队领导者应该鼓励团队成员充分探讨问题，而不是直接提供解决方案。然而，这在现实中很难练习。例如，在给数百名团队经理做体验式培训时，发现他们遇到的主要挑战是来自快速解决问题的诱惑。辅导的内容就涉及学会耐心等待，直到团队成员自己澄清问题的性质，并给他们机会自己寻找解决方案。这样可以促进学习，而不是依赖。当然，在一些情境下，领导者可以帮助团队成员解决问题，但这不应是辅导模式的一部分。

3. 拟定计划

倾听很重要的一点就是鼓励团队成员谈论他们的想法、感受和愿望。要实现这一目的，需要多提一些"开放式"问题。例如问：为什么？怎么样？都有谁？目的就是使各位成员用自己的语言来详细阐述和表达他们想要咨询的问题。封闭式问题的特点就是由"是"和"否"来回答。例如,"是不是因为在工作上花费了太多时间，导致您在家中遇到问题？"而针对这种情况，一个更恰当的开放性问题可以这样问："当前的工作负担给你带来了哪些问题？"其次，有些过于急切的团队领导者可能会过早地从询问中断定问题所在。比如，当一个团队成员告诉领导者他花了太多时间在工作上时，领导者可能会询问一个表面上似乎是开放的，实际上却是封闭的引导性问题。例如，"为什么工作对你来说这么难？"而一个更有效的团队领导者可能会这么问："你觉得导致这种状况的原因是什么？""你现在感到什么样的压力？""你对此感觉如何？"

4. 反思倾听

反思倾听包括重新阐述团队成员对你说过的话。首先，这意味着要归纳他们此前的表述。例如，"所以你的意思是，尽管你很享受现在的工作，但你还是想有更多的自由去寻找和追求属于自己的新项目，对吗？"其次，这种阐述不应该变成团队领导者自身对问题性质的定义，而应该是一种对团队成员给出的信息进行重述和总结的真诚尝试。这是一种非常有力的辅导形式，它使得团队成员能够更全面地探索团队合作中的某些特定问题。反思性倾听之所以有效，原因包括以下几点：它确保你能够积极地倾听团队成员的观点；它向团队成员传达出你真心想要理解他们所说的话；它提供了纠正误解的机会；它帮助你确认自己是否准确理解了团队成员的想法；它还能够促进相互之间的共情和理解。

对团队成员提供的信息进行简单的重述，似乎是一个空洞无聊的、鹦鹉学舌的过程。然而对互动过程的研究表明，这种总结性陈述通常会鼓励他人进一步阐述其已经提供的信息，而不仅仅是确认之前所说的内容的正确性。反思倾听有助于而非阻碍问题探讨。

（二）辨识和感情流露

一个团队领导者想要提升团队成员的工作能力和体验，他必须面对一个人的“全部”，而不仅是那些他比较擅长处理的部分。如果团队领导者要有效地执行任务，他必须花时间去探寻和理解团队成员的感受。这还要求团队领导者有节制地表露自己的感受，对此感到舒适，并了解这么做的效果。团队领导者不时会成为团队成员感到沮丧或愤怒的对象，他们偶尔也会对团队成员感到沮丧和愤怒。因此，团队领导者以适当的方式、在适当的时间处理这些情绪，是辅导工作的重要组成部分。

团队领导者并不需要去深究团队成员的每一次细微的情绪反应和失落。但当团队成员遭遇重大“情绪”问题时，他们应该得到表达和探究这些情绪的机会。对同事感到沮丧甚至忍无可忍的团队成员，可能需要一些空间来表达这种情绪，之后才能够理性地分析目前面临的任务和对优先事项的平衡。在通常情况下，通过关注情绪，事实自会浮现。而如果仅仅聚焦在事实上，那么情绪通常会在短期内被压抑和隐藏（从长远来看，它们可能会以不适当的方式表达出来，例如情绪大爆发）。情绪的表达不仅对人们当下的幸福感有影响，也会对他们将来处理类似压力的能力产生有益的影响。

领导者应该以建设性的、非指责的方式来表达自己的情绪。如：“我感觉不好，因为在我们上次的团队会议之后，我答应了客户我们将在今晚交付订单，不过现在看起来我们可能无法完成任务了。这让我十分难堪，因为我们让客户失望了；这也让我感觉沮丧，因为我们曾经一致认为我们能够按时完成任务。现在，我们能不能作为一个团队来讨论一下到底出了什么问题，还有我们可以从中学到什么？”只要团队领导者的情感表达中有95%或更多是温暖、积极和鼓舞人心的，这样的表达更可能被团队成员接受。团队领导者的任务就是创造一个积极热情的情感氛围，因为这将使团队在工作中充满创造力和协作精神。

（三）提供反馈

反馈是在组织中被广泛使用的一个词，但它经常被误解，也很少被实践。反馈意味着以敏感和建设性的方式对具体行为做出明确的反应。经过大量企业市场调研，大多数人都批评他们的领导没有针对他们的工作提供积极反馈。当要求这些经理人分析自己的时间分配时，发现他们给团队成员提供积极反馈的时间几乎都安排在最后一个时限。

提供反馈要求反馈内容具体化，并关注团队成员的行为及其行为的后果。例如，以下言论："我注意到，你阻止团队把这一系列问题纳入营销调查问卷中去，因为你觉得这些问题可能不合适。的确，这样做是会给其他一些团队成员带来一些挫败感。然而，最终的结果却是我们得到了一套更好的问卷，它将为我们提供更多有用的信息。"

在团队采取调整和强化等行动之后立即给出反馈，效果最为明显。在组织中，反馈经常会被攒到年度评价时才进行。这对成员行为的实际影响非常有限。在理想情况下，团队领导者（事实上所有团队成员）应该每天甚至每小时都为团队成员提供反馈。

积极反馈在改变行为方面比消极反馈更有效。因此，最好确保团队中的积极反馈大大多于消极反馈（95% 与 5% 就是一个很好的比例）。然而在现实中，我们总是能更快地发现工作场所中的实际行为与期望行为之间的差异，因此往往更容易产生消极反应，这是我们对环境的正常反应。换言之，当我们所期望的和实际发生的情况不符时，我们更倾向于看到不足。因此，团队领导者更应该意识和注意到那些现实与预期一致的情况，并将之作为结果提供反馈。

（四）达成目标共识

团队领导者的核心职责是确保团队及其成员对团队的方向、目标以及个人目标有清晰的认识。目标设定对提升绩效至关重要，这是工作行为学的一个基本原则。因此，领导者的角色不仅要帮助团队成员明确目标，还要协助他们实现这些目标。例如，如果团队成员对工作量有所顾虑，领导者应促进成员之间就工作量目标达成共识，包括领导者自己和其他团队成员。保持团队成员间工作量的均衡对团队效能至关重要，同时确保每位成员的工作量都在一个合理、可控的范围内，也是领导者和所有团队成员共同的责任。

团队领导的关键职能，涵盖了设定团队的方向、管理团队的运营和发展团队的领导技能。大致对应了领导工作、管理工作和辅导工作三个内容。

① 设定团队的方向：环境扫描、建立意义、解释、规划、目标设定；

② 管理团队的运营：人员配置、制定规范和沟通机制、建立绩效预期、监督绩效、提供反馈意见、根据外部变革调整团队合作、获取资源、担任团队的大使、保护团队；

③ 发展团队的领导技能：开发专业知识、辅导方向设置、规划和角色分配、信息集中处理。

团队领导者的三大核心职责——领导、管理和辅导，对于团队的成功至关重要。通过将这些活动适当地融合在一起，领导者将会非常有力地带领团队走向成功。这是提升团队有效性、团队潜力、团队创新和团队成员幸福感的秘诀。

第四节
团队创新

团队创新是指团队引入新的、改进的工作方式。创造力和创新的区别在于以下方面：创造力涉及新想法，而创新（包括创造力）还要求团队、组织或社会将想法付诸行动；创造力是想法的形成，而创新的实施过程则使这些想法得以实践。因此，创新同时包括了创造力和实施。

一、团队创新的四个因素

图 1.4 展示了团队创新的模型。该模型展示了共同的愿景、参与的安全感、任务导向（致力于追求卓越）和创新支持四个因素，这些都会影响团队的创新水平。这四个因素是预测团队创新能力的有效工具。

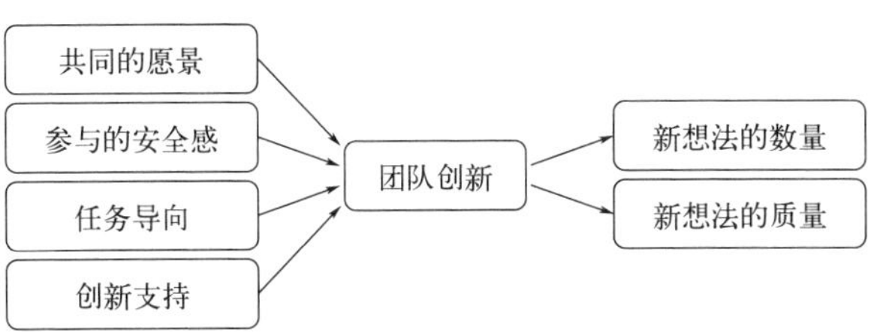

图 1.4　团队创新的四个因素

1. 共同的愿景

团队的愿景对工作的有效性起关键性作用，而清晰的使命对于创新成功同样至关重要。Pinto 和 Prescott 通过对 418 个项目团队的分析发现，一个明确的使命对于创新过程的每个阶段——概念、规划、执行和终止，都至关重要，有助于实现成功。因此，团队领导者需要确保团队的愿景和使命既清晰又具有激励性，以促进团队在创新过程中的每一个环节都能取得成功。

2. 参与的安全感

高水平的参与意味着团队更乐于接受变化和更高水平的创新。人们越多地通过施加影响、与其他参与变革过程的人互动、分享信息等方式参与团队决策，就越有可能对他们所参与的决策进行投入，并为更新和改进工作方式提供想法。团队内部的安全感也很重要，只有当团队成员感觉团队的氛围和谐友好、互相支持时，他们才更有可能冒险提出新的、不同的工作方式。有充分证据表明，在科学家团队中，当团队内部的氛围温暖、互助，又对智力充满挑战时，团队创新就可以达到很高水平。针对个体的研究证据也清楚表明，“正能量”（积极的情绪水平）与发散式思维和创造力成正相关。

体验式练习：

你的团队在工作方面的创新水平如何？与其他类似的团队相比，你认为你所在的团队创新水平如何？圈出表 1.6 中你认为合适的答案。

表 1.6　体验式练习表

项目	高度稳定没什么变化		中等创新有一些变化		高度创新有很多变化
设定工作目标和方向	1	2	3	4	5
决定达到目标的手段	1	2	3	4	5
启动新的程序或信息系统	1	2	3	4	5
发展创新性的手段来完成任务	1	2	3	4	5
在工作内容上和方法上为团队带来启发	1	2	3	4	5
总分					

向所有团队成员发放此问卷，并计算创新水平的平均得分。如果团队平均得分高于 4 分，意味着团队成员认为团队富有创新性；3 分或 3 分以下，则表明团队应该追求更多的创造性和适应性。当然，这也取决于团队工作的情景。例如，如果在始终需要遵循标准操作程序的核电站中工作，拥有

高度创造性的团队就不是一个好的选择。因此，在分析问卷时，要牢记团队工作的情景，这一点很重要！但是，总的来说，团队的创新水平是反映团队运行状况的“晴雨表”，一个团队的运行水平越高，创新水平就会越高。

3. 任务导向

追求卓越和任务导向的团队强调成员对绩效质量的共同关注，并建立了一系列评估、控制、调整和关键考核的机制。这种对任务的专注和对高质量的承诺可通过鼓励多样性和激发创造力来推动创新。同时对提出的想法进行严格审查，有助于确保创新成果的高质量。通过这种方式，团队能在追求卓越的过程中，既激发创新，又保持成果的高标准。

4. 创新支持

团队的创新能力在成员期待、认可并积极支持创新尝试和改进工作方式时，达到高峰。团队成员可能对新想法持拒绝或忽视态度，但同样可能提供口头或实际的支持。最具挑战性的情况是，成员虽然表面上对新想法表示欢迎，但实际上并未采取行动支持，或以被动的方式抵制其实施。因此，真正的创新支持需要转化为具体的行动，而不仅仅是口头上的赞同。

组织中的许多团队为了实现整体目标，也表达了对新的和改进的工作方式的支持，但它们没有提供任何实际的支持来帮助这些想法得以实现。团队同时有“倡导的理论”（团队口头宣称的工作方式）和“使用的理论”（团队实际使用的工作方式），当二者不一致时，创新就不太可能实现。

高水平的口头和行动支持能够给团队带来更多关于引入创新的尝试。团队成员最初提出想法时，口头支持是最有帮助的。行动支持则包括共同研究创新思路，以及在相关方面投入时间和资源。

然而，有些团队连为创新提供口头支持都做不到。想想看，如果成员们都自然而然地抵制新的想法，那么团队很可能只会提出在他们看来一定会得到支持的想法——这通常意味着对现状几乎没有挑战。通过不给予口头支持来最大限度地降低风险，往往意味着创新水平的最小化。而使用“是的，并且……”这一句式，就能够促进团队对新想法的支持和开放性。

当一个观点被首次提出时，人们通常会先去寻找其中的错误。这会打击那些提出新观点的人的热情和心理预期。因此，用“是的，并且……”这种句式，就能够避免给创新者一个直接的否定回答，而“是的，但是……”的说法通常会直接杀死一个新的想法。所以，对于一个新想法，我们应该尝试先说“是的”，然后在会议上充分对其展开讨论，再决定是否可行。尝试建立积极的态度，或者将自己的积极想法融入新的提议中。这是一个简单却非常强大的技巧，如果在部门会议上能够作为一个规则被所有人遵守，那就会大大改变了讨论的氛围。它还能使团队成员快速找到那个最难以接受改变的人，这种人最有可能拥有“是的，但是……”这种认知模式。

二、在团队中创造性地解决问题

我们常常将解决问题看作是一次性的任务，然而众多研究显示，这一过程实际上包含多个不同且关键的阶段，每个阶段都需要特定的技能和行动。因此，识别这些阶段并在每个阶段运用恰当的技能，能够显著提高解决问题的效率和效果。在这一过程中，有四个阶段是确定的：探索、创意、选择和实施。

阶段一：探索

解决问题最重要的阶段就是探索和澄清问题。团队成员经常在探索和澄清之前，就尝试寻找解决问题的方法，甚至有时还会重新定义问题本身。但是，在尝试寻求解决方案之前，如果能花更多时间来探索和澄清问题，那么最终得出的解决方案的质量就会更好。此外，由仔细探索问题所节省出来的时间，有可能会超过完成这项任务本身所花的时间。问题探索可以采取目标导向或利益相关者分析的形式。

例如：曾经有一家公司，其产品是汽车仪表盘等。有一段时间，他们生产的仪表盘一再出现问题。为此，他们对仪表盘上的显像材料供应商进行了数个星期的分析，但毫无结果。直到有一个团队成员开始创造性地思考后才发现，原来并非显像材料的问题，而是清洗显像材料的供水出了问题。症结一旦找到，优先选用成本极低且速度快的方案解决了问题（加装过滤器）。而在此之前，他们一直在忙于为错误的问题寻找昂贵的解决方案。

阶段二：创意

一旦认识到不应该在第一阶段就直接寻求解决方案之后，下一步就是为定义的问题开发一系列可能的解决方案。一般来说，在作出决定时，团队经常会“一条道走到黑”，即先提出一个想法，之后就这一想法进行讨论和适当修改。然而，对团队解决问题的研究表明，在一开始生成一系列可能的解决方案也许是最有效的。在这个阶段，伴随着大家对创新的口头支持，团队中会形成一个安全的氛围。鼓励大家都使用“是的，并且……”这种句式，对增强信心也非常重要。当然，团队也可以使用头脑风暴方法。当所有提出的想法都能获得欢迎和鼓励时，这个阶段就会变得既有趣又充满挑战。然而，遗憾的是，在现实中，即使理解了以上基本规则，团队也很少能在严苛的评价体系下为产生创意预留充足的时间。

阶段三：选择

接下来的目标就是鼓励大家对方案进行建设性讨论。批评和挑剔的态度既必要也可取，但这些都需要以富有建设性、能支持个人想法为前提。如果阶段二中给出了许多解决方案，那么就需要先选出最有希望的 3 种或者 4 种，但是也要避免仅选出符合当前做事方式的解决方案。如果能保留至少一个潜在的全新解决方案，将是非常有益的。对于每个想法，都可以进行利益相关者分析或负面头脑风暴。这些技术能够帮助人们预测他人对所提方案的可能反应。负面头脑风暴也有助于以建设性的方式识别解决方案中所有潜在的缺陷，并通过提出新的想法来补救这些缺陷。归根到底，团队应该选择的是最佳解决方案，而不是随便选择一个方案。另外，需要注意的是，出于对“结果”的渴望和对不确定性或模糊性的规避，团队成员有时会过于轻易地忽视解决方案里固有的问题。

阶段四：实施

认真完成了前三个阶段的团队，会发现实施阶段是整个问题解决过程中最简单和最有回报的阶段。在这个阶段，团队应该对可能发生的问题保持开放态度，并随时准备去适当地调整实施过程。同时，团队还应该在实施阶段进行有效的管理，确保原有思路及方案按计划完整实施。在实施阶段，创新者应该从团队外的其他地方寻找资源、时间和合作的支持，这些支持应该对实施过程的有效性有足够的影响。这个阶段的关键，是坚持对完整的、成功的变革的追求。例如，一个运用评估制度的人力资源管理团队在报告里说，他们成功地确保了 90% 以上的工作人员在上一年得到了评估。但是，当我们收集数据时，只有 30% 的员工报告自己曾经参与过有意义的评估会议。有这样的差距，明显不能将其称为完整的实施。最后，要确保实施被有效地执行，才能保证原有目标成功落地。这样一种坚持有时需要勇气。

以上就是解决问题的四个不同阶段。接下来，我们将探讨团队在创造性解决问题的每个阶段所能够使用的技术。

三、在团队内部提升创造力的技巧

爱迪生说过：天才是 1% 的灵感加上 99% 的汗水。因此，当团队使用提升创造力的技巧时，成员应该主动付出很大的努力，然后再看他们的想法能够怎样帮助他们应对挑战。采用被动的方法是行不通的。一些成员认为用了这些技巧就一定会带来正确的答案，其实不然。创造力的技巧只是简单的辅助工具，而非神奇的解决方案。

这些创造力技巧提供了新的、不同的方式来看待团队所面临的问题。同时，也带来了替代现有解决方法的所谓的“疯狂”方案。

技巧一：经典头脑风暴法

在经典的头脑风暴中，团队成员要尽可能多地产生想法，甚至是梦幻般的想法。因为头脑风暴的目的是产生数量足够多的想法，可以不用担心想法的质量。参与者要搁置判断，接受提出的所有想法。团队成员要尽量利用彼此的想法来激发更多的新想法（这就是所谓的“捎带效应”）。因此，使用这一技巧的指导方针是：想法数量，搁置判断，捎带效应。

进行头脑风暴最好的方法是让团队成员在与其他成员分享之前，单独默默地产生想法。大家见面之后，就有可能发生“捎带效应”。每个人都能分享他们想法的优点，这会带来富有成效的社交互动，并使团队成员都能参与到创造变革观念的过程中来。在头脑风暴的过程中，鼓励新颖的、大胆的、不同的想法也是有价值的，而不是简单地在团队的现有范式内进行头脑风暴。最重要的是，在头脑风暴中，应该有一个有趣的元素，它有时来自最大胆、最疯狂的想法。对于团队面临的问题来说，这些想法中可能包含了非常不同的、富有成效的新方法的种子。例如，将短信功能植入移动电话的那个人，当初也不知道它能在使用方面取得如此巨大的成功。

技巧二：书面头脑风暴法

这种技巧是经典头脑风暴的一种变体，它是基于个人在头脑风暴中的优越表现，具有在短时间内产生大量想法的效果。首先，团队成员坐在桌子周围，面前有空白的纸张可以记录想法。在写下 5 ～ 10 个想法后，团队成员将纸张放在桌子的中间。之后，每个成员继续在其他成员填写的纸张上写下更多的想法，特别是要回应其他人已经写下的想法。这样下来，20 分钟的会议中可以产生数百个想法，因为所有参与者都可以看到别人提出的想法。此外，团队成员在从团队其他成员的想法中获得启发的同时，还可以按照自己的节奏进行。

当团队成员难以聚集在一起的时候，他们的想法表格还可以通过共享软件等发送，并在长达几天的时间内互相添加。建立一个所有团队成员都可以访问的、设置在网络系统中的文件，形成“大脑网络”。在文件的顶部将问题标记出来，然后团队成员将自身想法或建议补充到文件里其他同事的建议中。因此，团队成员不必非要在一起进行头脑风暴，还能同时拥有一份记录过程的结果。

技巧三：负面头脑风暴

负面头脑风暴是一个特别有用的技术，能够促进团队中的任务导向和批判性思维。在测试新提案时，或在评估现有策略、实践或目标时，这种技术尤其有用。该技术有以下三个步骤：

步骤一：一旦提出了一个有前景的想法（或者在现有情况下，实践或策略已经被明确确定)，团队将围绕所有可能的消极方面或后果进行头脑风暴。这种头脑风暴应该像传统的正面头脑风暴一样不受约束。这么做的目标是列出这一想法或策略的所有可能的消极方面，无论这些可能性多么离奇或充满幻想。

步骤二：团队成员选择 4 ～ 5 个最突出的问题，并对这些问题进行更详细的研究。

步骤三：团队考虑如何修改这些想法或现有的做法，以便对每个问题进行修正。因此，这个过程的第三个阶段从根本上来说是建设性的，因为该团队正在寻求建立一种新的做法，以应对其主要的问题。

在这一过程中，团队可能会发现一些根本性的弱点或困难，且找不到任何克服的方法。在这种情况下，这个想法有可能会被舍弃。这是负面头脑风暴的一个优点，而不是缺点，因为它使团队在早期阶段就能识别出可能不成功的想法或方法。

即便一个想法已经被决定采纳和实施，这种方法也同样有用。除了在实施前就指出一个想法的弱点之外，负面头脑风暴还能带来建设性的批评。人们常常害怕会冒犯别人，所以他们会保留自己的意见。这种方法则清楚地表明，团队成员只是在批评观念和做法，而非针对个人。经常练习负面头脑风暴，团队成员就会接受“批评这些想法，是为了改进它们”的理念。

技巧四：目标导向

目标导向技巧在问题探索和澄清阶段非常有用，它包括对目标进行的严格审查和质疑。另外，它也可以用于重新检查问题和想法的定义方式，这将鼓励团队成员去识别和质疑那些通常被视为理所当然的基本假设。这种方法带来了新的目标设定，其数量会大大多于团队原有目标。在澄清目标的过程中，多用“如何才能……”和“我希望……”这些说法，并且尽量多列一些选择。然后，团队应该决定哪些是最可取的、最重要的、最必要的、最有创造性的、最有远见的、最实用的、最可实现的等，并开始制订实际行动计划去实现。

示例：如何应对交通堵塞问题?

如何才能减少道路上的汽车数量？如何才能获得更宽的道路?

我希望我们能够共同摆脱交通拥堵。

如何才能控制交通流量？如何才能在每辆车上搭载更多的人?

我希望我们可以协调出行计划。

技巧五：利益相关者分析

这个方法有利于对现有的和刚提出的解决方案进行更深入的探索和改进。组织中的人们经常抗拒变革，这是因为他们认为变化将妨碍他们像过去那样优异地完成自己的工作，而不是因为他们反对改变本身。因此，团队必须仔细思考，考虑变革计划可能会对组织中的其他人造成何种影响；或者组织中的其他人认为这些变化会对他们产生什么影响。这项技术要求团队站在每个利益相关者群体的角度思考问题，分析团队目标、策略、流程或变革所带来的所有优缺点。利益相关者就是那些与团队目标利益相关的内部或外部的个体和团队，他们或者能够影响团队目标和做法，或者受团队目标和做法的影响。团队成员列出与利益相关者有关的一切可能的优缺点，然后提出修改的目标或进行变革，以尽量降低给利益相关者带来的不利影响。同时，还需要扩大对该利益相关者带来的有利影响。团队成员要依次为每一个主要的利益相关者重复这一过程。

第五节
团队组织建设

一、传统金字塔组织结构的三大弊端

传统的企业组织结构多为金字塔式（图 1.5）。强调自上而下的直线管理，信息多纵向传达，少横向传递。体现在团队工作中就是一味服从式、被动式地执行任务，缺少团队的自主性管理和运营，管理者只负责上情下达和发号施令。在中国企业，尤其是众多制造企业中，这种组织结构和管理模式曾长期占据主导地位，它们以层级分明和指令性管理为特点。

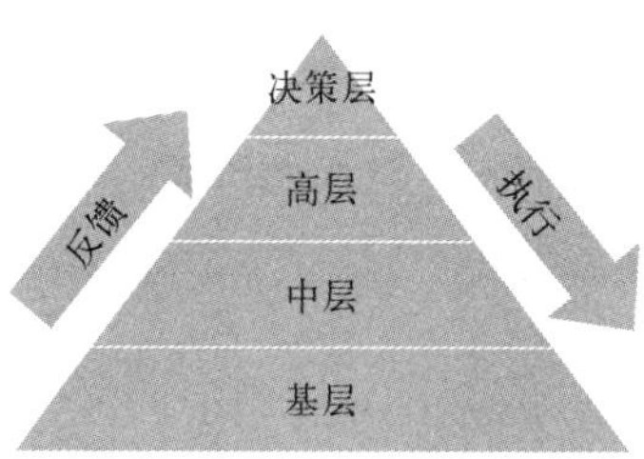

图 1.5　金字塔组织结构

在企业发展初期，规模较小、人员较少，实物管理中产生的信息量少，对于信息传递的过程没有过高要求，企业对员工的创新要求也较低。为确保企业发展初期执行力强、行动统一化和团体化，这种结构尚能适用。但是，随着知识经济对企业的影响，企业发展壮大，信息放量倍增，团队内、外部的横向沟通日益增多。企业为应对竞争，需要团队能够发挥更大的能动性和创造性。在这种情况下，原有的金字塔式组织结构就显露出越来越多的弊端。

传统组织结构的弊端主要有如下几点：

第一，管理结构上的多层级，不但影响着信息的传递速度，还加重了信息量的衰减。表现在企业实际工作中，就是生产一线对于市场需求信息反应迟缓，缺乏快速应对和支持。有的企业曾经因为一个项目的层层审批，而错过了最佳的市场机遇。班组申请设备保养也因为各级层层报批的环节而延迟，导致该设备无法应用，从而影响生产效率。

第二，严格的管理层级，严重制约着员工的积极性和创造性，导致员工士气低落，缺乏工作热情和干劲。被动执行还容易滋生行为惰性和思维惰性。员工在被动执行的过程中，往往不必为执行结果负责。在这种管理模式下，员工面对问题只有淡漠和熟视无睹，毫无责任心可言。只会发号施令的管理者，永远是团队里最累的一个人，因为他难以带出一个积极主动、协同作战的团队。

第三，单一组织结构下的团队，缺乏顺畅的内部协作和外部沟通，团队内没有形成和谐、融洽的氛围，成员之间缺乏互动、互助，大多只是基于本岗位“单打独斗”。长此以往，一线员工的胜任素质能力少有提升，很难适应企业快速发展的需要。

二、建立团队圆桌式组织结构

新形势下企业要发展壮大，必须调整组织结构。就团队而言，原有的以团队管理者为核心、被动管理的团队组织形态，已不能适应企业的发展需求；原有的因被动执行、自上而下的刚性管理而造成的对人潜能的压制、效能低下的现状，必然被以消除管理层级、倡导以人为本的自主管理为主导的圆桌式组织结构和管理运作所取代（图 1.6）。

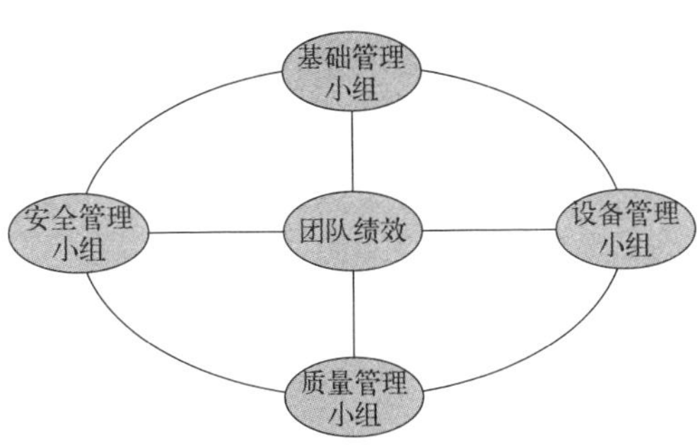

图 1.6　圆桌式组织结构

【案例】

亚瑟王是英格兰一位神话般的传奇人物。传说，他带领勇猛善战的圆桌骑士统一了不列颠群岛，成为后世景仰的英雄。

亚瑟王的影响力从何而来？圆桌骑士的战斗力又从何而来？

皆因一个圆桌的威力。据说，亚瑟王拥有一个可同时供百人就座的巨型圆桌，人们坐在圆桌边没有主次之分。亚瑟王经常和他的骑士们围坐桌旁。这个圆桌使得他不必高高在上发号施令，所有的人都团结一心，亲如手足。

圆桌拉近了亚瑟王和下属的距离，增进了部属之间的协作，搭建了直接的沟通渠道；也消除了层级之分，赢得了忠诚。这就是圆桌的魅力。“亚瑟王的圆桌”给了我们协作、沟通和组织结构方面的诸多启示：削弱管理的层级界限，发动每一个人参与管理；给予每一个人发言权，通过面对面沟通，减少信息的衰减和遗漏。这种新型组织所产生的力量成就了亚瑟王统一的梦想。

点评：今天，亚瑟王的“圆桌”理念已经被普遍借鉴和应用。圆桌式会议、圆桌式教学、圆桌式庭审等，其核心都是消除人与人之间的层级之分，给予人充分的尊重。在现代企业的团队建设中，“圆桌”已经成为组织人本管理的体现。“圆桌”提供给团队组织建设可供借鉴的方法，就是在团队内部消除管理层级，建立一种人人管理、人人平等的组织形态；强调基于岗位职责的全员参与和全员管理，通过强化团队内部的协作和沟通，激发每一个人的活力和创造力。

（一）圆桌式组织结构的四大特征

圆桌式组织结构下的团队管理具有如下特征：

1.“人人有责”取代管理者“一人负责”

团队要成为企业生机和活力的源泉，人是核心的主导因素。如何最大化激发人的聪明才智？首先要充分尊重人、信任人、发掘人和激活人。

圆桌式组织结构及其管理模式，改变了原有管理者与团队成员之间的上下级角色，赋予每一个员工参与团队管理的权力。管理者不再是指令的下达者和监督者，不再事无巨细，样样都管；而是充分授权给团队成员，由团队内的各管理小组民主决策、指导并落实。

管理者的角色转变为辅导者、教练、顾问、支持者和推动者，成员被赋予更多的权力、更大的灵活性和更广阔的行为空间；人人都是团队的管理者，人人都承担团队管理的义务和责任。

2.“沟通”取代“命令”

在圆桌式组织结构下，由原来管理者一人发号施令，转为团队成员间横向沟通。各管理小组被赋予管理责权之后，由原来等待命令被动执行，变为结合上级指示和企业信息主动完成工作任务。

3.“协作”取代“单打独斗”

在圆桌式组织结构下，员工之间的横向沟通和协作也极大增强。团队接受上级指令后一味单打独斗的局面被打破，各组织单元之间的联系呈网络化，相互支持、互为补充。

4. 以“自动自发”取代“强制执行”

圆桌式组织结构强调自主管理，各组织单元即一个小团队。在团队内，强调一种自主的工作环境和氛围，倡导以“自我承诺”来实现团队设定的目标，管理者权力也随之削弱。原来团队工作中需要依赖刚性考核才能执行的工作，也被员工的主动担责和自动自发所取代。

（二）轮值管理机制

轮值管理机制——即在一定周期内赋予团队成员特定岗位的责任和权力，使其在该岗位上承担责任、行使权力、履行义务。

举例：假设在团队内部设立纪律委员这样一个职位，负责每天记录团队成员的考勤。但这个纪律委员不是由固定的人来担任，而是团队成员轮流来担任。

1. 轮值管理的价值

轮值管理机制是创造性体验和责任塑造最便捷、最高效的途径，同时体现了管理中的平等、透明与民主。轮值机制的导入既能让轮值者在体验中获得经验和技能的提升，又实现了管理中的角色体验与换位思考，便于班组成员之间的相互理解及和谐氛围的营造。

（1）轮值使传统管压式管理模式升级为教练式管理模式　什么是管压式？今天一个员工不戴安全帽，你把它抓了，罚了。明天他一定会戴，他之所以会戴，是因为怕你罚他，这叫管压式。

什么是教练式？我们团队设置一个安全员，负责检查团队成员的劳保穿戴。让这个不爱戴安全帽的员工来担任安全员，他去检查别人时，他自己必然会戴安全帽，这就叫教练式。

（2）轮值促使员工换位思考，敢于担当　过去团队成员对5S管理都不上心，认为是工作的负担。现在设置一个5S专员，负责每天下班前检查全员的5S执行情况。不管是谁来担任这个5S专员，他一定会好好思考一下，5S的标准到底是什么？为什么要提倡5S？过去是一个执行者，现在是一个管理者，所处的位置不一样，思考问题的角度也不一样，这就是促使员工换位思考。

（3）轮值是团队辅助管理的有效手段　所设置的这些委员都是在辅助管理者行使部分管理职责。很多时候管理者会抱怨管不过来，这时候轮值管理机制就是最好的办法。

（4）轮值可以发现和培养人才　过去我们提拔人才往往都是依据业务能力来判断的，但是业务强的人不一定善管理。通过轮值管理机制的实施，很容易发现具有管理潜质的人才；同时，轮值管理也是对员工管理能力的培养。

（5）轮值促使全员素质提升　轮值管理最大的特点就是全员参与，不是个别人轮值，不是小范围轮值，而是团队的每一位成员都参与进来，这样就能促使团队全员素质提升。

2. 轮值委员

如图1.7所示，可在团队主管下设立一个管理委员会，管理委员会下设五个轮值职位：安全员、培训员、生产员、质量员、5S专员。不同岗位的委员承担相应的管理职责。这样设置之后会发现，过去是一个管理者对一群被管理者；现在是一群管理者对一群被管理者，这个时候，管理者和被管理者之间就不会有身份上的对立了。

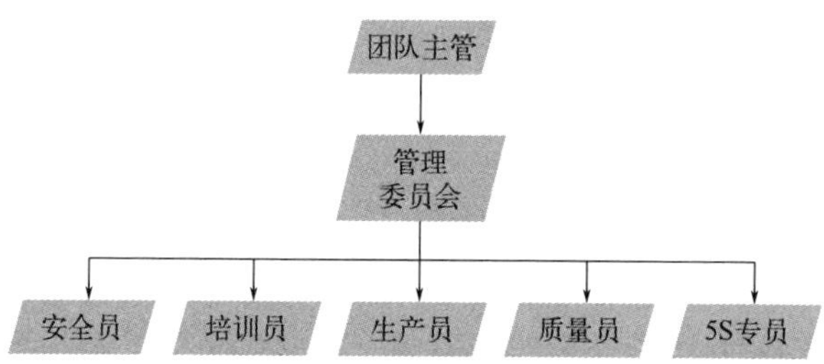

图1.7　班组团队组成

如表1.7所示为如何实施轮值委员管理。

表1.7　如何实施轮值委员管理

步骤	说明
① 确定轮值内容	根据团队的管理内容，确定要轮值的内容、岗位，如轮值安全员、轮值培训员、轮值5S专员等
② 确定轮值人员	将团队每个成员进行轮值排序，使每个成员都有机会参与到管理工作中

续表

步骤	说明
③ 确定轮值职责	明确职责，规避风险
④ 确定轮值周期	以周或月为单位进行人员轮换
⑤ 进行轮值评比与激励	即进行管理的反馈

【案例】

动力中心班组八大员管理办法

第一章　总则

第一条　为使班组工作有序开展，发挥班组的细胞作用，提升班组的基础管理，提高人员积极性和责任心，结合班组实际情况，制定本办法。

第二条　本办法适用于对班组兼职八大员的管理。

第二章　八大员的设置

第三条　班组因地制宜开展班组建设，设工会小组长、安全监督员、技术培训员、设备管理员、5S委员、宣传员、考勤员等八大员。

第四条 班组选定班组八大员后，报部门主任，经部门审批，八大员岗位每月进行轮换。

第五条　其中，工会小组长由值长（班长）兼任。

第三章　主要职责

第六条　安全监督员职责……

第七条　技术培训员职责……

第八条　设备管理员职责……

第九条　5S委员职责……

第十条　宣传员职责……

第十一条　资料管理员职责……

第十二条　指标员职责……

第十三条　考勤员职责……

第四章　评价激励

第十四条　对于积极主动完成班组八大员职责的，班组给予定额奖金鼓励；若班组成员出现违章情况，且属于八大员负责的职责范围内的，则取消八大员当月奖励。

第十五条　对于八大员负责的职责范围内，班组成员出现违章扣分情况，则要求班组八大员进行书面检讨，并制定改进措施。

第十六条　每季度统一对班组八大员进行综合考评，属于班组八大员职责范围内，班组成员无违章扣分情况的，给予相应奖励。

3. 活动轮值

表 1.8 所示为活动轮值案例。

表 1.8　活动轮值案例

活动	说明
例会主持	制定全员参与的每天班前班后会、周例会等轮值主持计划表，按计划表每天轮流主持例会，并对主持效果进行量化评分，每月评选主持之星
技术学习	班组制定全员参与的每月技术培训轮值计划表，结合每月技术培训，由轮值班员总结本月工作中 1 ～ 2 个自己在生产工作中优秀的经验或方法进行介绍。其他班员共同学习，参与讨论指出不足或提出更好的建议方法，有利于大家技能水平共同提高
安全培训	制定全员参与计划排出班员轮值计划表，安排班员轮流主持每周的安全学习活动。班组可先给本周做主持的班员提供安全学习的资料，让其预习。主持会结束后，班委会点评班员时可获得互相学习的机会，也有利于个人表达、主持能力的提升
案例分享	制定全员参与的案例分享轮值机制，轮值主持将工作中的正面典型或负面典型整理成案例，给大家分享。班员对案例进行点评学习，主持人将案例整理入册（案例管理手册）
……	……

团队内的很多活动都可以运用轮值机制让全员参与进来。在以往的组织培训中，管理者站在讲台上滔滔不绝，而听众的参与热情却参差不齐，导致整体的培训效果并不理想。如果实行轮值管理，让每个人都参与到培训中来，不再是管理者一个人讲，而是每一个人轮流讲，可提升培训的效率和效果。

4. 轮值管理的深入应用

（1）团队结合自身实际，更多开展轮值　例如：对班组卫生员、设备员、安全员等岗位开展轮值，如条件允许还可设轮值班长；班组会议由轮值班长主持，班组委员依次发言，班组长最后补充。

（2）团队主管要开展轮值的全过程辅导和支持　轮值前辅导，轮值中支持，轮值后评议。

（3）员工通过轮值，实现自身成长　在轮值过程中，拥有管理权、表扬权、加分权，鼓励员工发挥个性，大胆创新开展工作；轮值结束后，需提交轮值心得，大家给予评价激励。

5. 轮值管理的终极目标

轮值管理是一种成熟的长效管理机制，它要求持续投入时间和精力来实施。这种机制不会在短期内迅速显现成效，而是需要一个长期的培养和实践过程。然而，只要持之以恒地执行，它将为团队带来显著的质的提升和发展。我们给轮值管理定了一个长远的目标：三全管理。

（1）全员管理　人人参与、人人管理、人人担责。要想实现团队高绩效，必须发动全员，共同发挥智慧和力量，权利共享，责任共担。

（2）全方位管理　事事有人管、人人都管事。千斤重担人人挑，人人身上有指标。过去所有的管理责任都压在领导一个人身上，就是有三头六臂，也会有管不过来的时候。运用轮值管理，全员参与到管理中来，帮助领导共同承担管理责任，加大管理的幅度和力度。

（3）全过程管理　管理要横到边、竖到底、无死角。管理就是要管到位，过去一个人管，总会有管理死角，管理者只能抓大放小。运用轮值管理，让全员参与进来，使得执行过程中的每一个节点都可以管到位。过程管到位了，好结果水到渠成。

第二章
高效沟通

团队管理者的核心职责在于人员管理，即与团队成员的互动和协作。因此，沟通是团队管理不可或缺的一环。通过沟通，团队成员能够建立信任、消除误解，并实现信息的共享。可以说，沟通构成了团队管理的基石。

本章除介绍沟通的一些基本概念和原则外，还要重点探讨沟通过程中的障碍，以及沟通的要素和策略。最后将学习各种情景下的沟通技巧，让管理者掌握在实际情境中的具体沟通方法。

第一节
正确认识沟通

沟通的定义：沟通是人与人之间、人与群体之间思想与情感的传递和反馈的过程，以求思想达成一致和情感的畅通。

一、沟通在团队管理中的重要性

假如人际沟通能力也是一种同糖或咖啡一样的商品的话，我愿意付出比太阳底下任何东西都珍贵的价格来购买这种能力。

——洛克菲勒

人与人之间最宝贵的是真诚、信任和尊重，其桥梁是沟通。企业需要关心员工，善于听取员工的意见和建议，才能充分发挥员工的聪明才智与积极性。同时，企业在决策时广泛征求员工的意见，参与的员工越多，获得支持的员工就越多。只有通过争议、争辩、“斗智”，才能增强员工的主人翁意识，才能集思广益，这才是真正的沟通。沟通是从心灵上挖掘员工的内驱力，为其提供施展才华的舞台。它缩短了员工与管理者间的距离，使员工充分发挥主观能动性，使企业发展获得强大的原动力。

【案例】

优秀的沟通对于成功管理的重要性

小王现在可以说是一名小有成就的中层干部了，他管理着一个十几人的团队。可是他最近十分苦恼：在下属的微博上，他发现下属们背地里称他是“难以接近的人”。小王今年 27 岁，非常聪明，做事情很有头脑，但他发现，自己似乎离别人越来越远，他也承认，自己不善于在言语上表达对他人的欣赏，因为他自身就是一个不需要他人表扬的人。显然，并不是所有的人都和他一样。

点评：小王作为一名管理者，在和下属的沟通上明显出现了问题，被称为“难以接近的人”。自己也感觉到“离别人越来越远”，问题的症结在于小王自身没有很好地与下属开展卓有成效的沟通。要想成为一名成功的管理者，首先必须是一名优秀的沟通专家。不善于用语言来表达对员工的欣赏、肯定和表扬员工的成绩，必然会导致与员工之间产生隔阂。作为一名基层管理者必须具备知识技能、人际沟通技能和概念技能，能够根据沟通对象的不同，选择适宜的沟通方式，传递有效的信息，实现和谐沟通的目标。人际沟通技能是管理者必须具备的基本技能之一，一个团队是否有凝聚力、发展性，取决于管理者的沟通协调能力。

沟通能力是管理者非常重要的一项能力，企业内部大部分的问题都是沟通不畅导致的。既然沟通这么重要，那沟通的目的到底是什么呢？

二、沟通的目的

沟通主要有两个目的：达成一致和建立信任。

沟通大部分情况下都是为了双方能够在观念上和方法上达成一致。沟通过程中经常会发生争执甚至争吵，就是因为双方达不成一致。那沟通和建立信任有关系吗？

【案例】

李经理突然接到总经理亲自下达的任务，很明显，这项任务非常重要。李经理赶忙叫来他的两个下属，小张和小王，把任务分别布置给他们俩，并叮嘱他们：这是总经理亲自布置的任务，非常重要，你们两个要全力以赴，要有结果思维，不要只把它当成一个普通任务；争取做出好的成绩，让总经理满意，这对我们整个部门来说非常重要。小张和小王接到任务之后，有了不同的想法。小张想：领导把这么重要的任务交给我，说明对我很信任，我必须全力以赴。当然领导平时也比较忙，我尽量不给领导添麻烦。等我做出好的结果之后，再向领导汇报。而小王想：领导把这么重要的任务交给我，说明对我很信任。既然是领导布置的任务，很有可能在执行过程中，领导会向我的领导询问任务的执行情况，所以执行的每一个节点我都要给领导汇报。再者既然任务如此重要，我也害怕执行过程中出现方向性的错误，我必须时常和领导保持沟通反馈，确保我执行的结果就是领导和老板想要的结果。结果一个月过去了，小张和小王都没能完成任务。李经理会怎么评价这两个下属？

点评： 首先，李经理怎么评价小张呢？小张的任务结果不好，小张的执行过程李经理也不知道。既然不知道，那就只能猜测。李经理会认为小张并没有全力以赴，也没有真正努力去想办法达成结果，所以很明显李经理对小张的信任已经不在了。那李经理怎么评价小王呢？小王的结果也不好，但小王的执行过程李经理非常清楚。李经理会认为小王确实在努力执行这项任务，自从接到任务之后，每天加班到晚上 8 点；执行过程中遇到了很多困难，都是李经理和小王一起商量解决，可能确实一些客观原因最后导致任务执行没有完全到位。但是李经理对小王的信任还在，下次有重要的任务还是愿意交给小王。这里我们要反思一个问题：有没有可能小张比小王更努力？而现实中，更多存在的就是这个更努力的小张。

通过这个案例，我们可以知道：要想赢得上级领导的信任，就必须加强与上级的沟通。沟通不畅就会惹人猜疑，只要有猜疑，信任就会出现危机；日常生活中的人际相处也是如此。

三、沟通的五个误区

沟通的五个误区见图 2.1。

误区一：沟通未能聚焦目的

“达成特定的目标”应该是沟通的基本出发点，也是判断沟通是否有效的唯一标准。但在沟通的过程中，往往还是会出现以下三个问题：

1. 沟通前不明确自己的目的

部分员工在汇报工作时，常会担心领导误解其意图。这通常是因为汇报缺乏明确目标，仅简单地陈述了事实。这样的汇报可能会让领导误以为员工在回避困难，不愿意承担分配的任务。因此，在汇报工作时，员工应首先明确自己的沟通意图，这样领导就不太可能误解其真实想法。

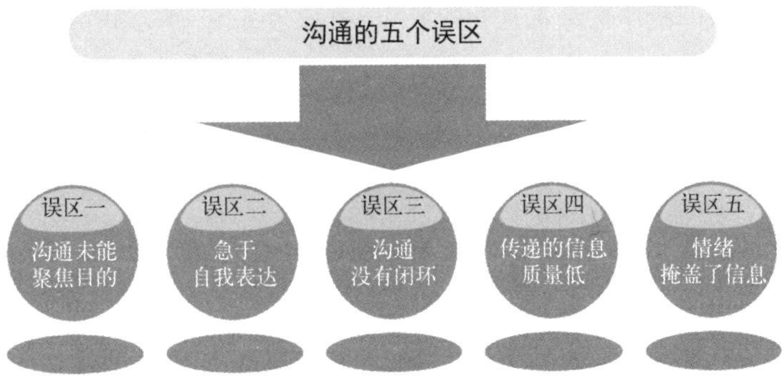

图 2.1　沟通的五个误区

2. 有目的，但在沟通中迷失了

部分员工沟通前确实是有目的的，但在沟通过程中容易遗忘。为避免这种情况出现，建议在随身笔记本的右上角写下本次沟通的目的或用手机备忘录记录，这样在记录沟通内容时，就会时时提醒自己。

3. 沟通后未确认目的是否达成

有时候双方交谈看似热烈，一方可能误以为对方已经完全理解并接受了自己的观点；但实际上对方可能根本没有听进去，或者误解了你的意图，导致理解偏差极大。因此，在每次沟通结束时，务必通过询问来确认沟通目标是否已经达成。

误区二：急于自我表达

沟通的关键在于"双向互动"。这意味着信息需要在双方之间进行有效的交流，而不仅仅是单向的传递。然而，在实际沟通中，我们常常急于表达自己的观点和意图，从而容易陷入两个误区：一是挤压了对方的表达空间；二是缺乏关注对方的反馈。

1. 挤压了对方的表达空间

设身处地想想，如果有人在与你沟通时只自顾自地说个不停，完全不给你插话的机会，尤其是在你急切想要表达自己的观点时，每次开口都被打断，你会不会感到沮丧和憋屈？在这种情况下，即使对方的观点再有道理，你可能也会因为这种沟通方式而感到不悦，不愿意接受。

同理，如果你在沟通时只关注自己的表达，不给他人发言的机会，即使你的观点再精彩，别人也可能因为感到被忽视而产生反感，不愿意接受你的观点。

2. 缺乏关注对方的反馈

将想法表达出去，只算完成了沟通信息传递的一半；还需观察对方接收信息后的反应，得到反馈之后，这一条信息的沟通才算完成。

如果过多关注于自我表达的话，就会缺乏关注对方的反馈。结果可能就是你讲了100句，别人只听进去了3句，其中有2句还理解偏了。与其这样，还不如少讲一些，多留些时间给对方反馈，再根据反馈情况适时调整自己所要表达的内容。

误区三：沟通没有闭环

沟通是“双向流动”的过程，除了要给对方预留反馈空间，自己也要给别人明确的反馈，也就是让沟通有闭环。

沟通不闭环的危害有多大呢？有成功人士分享过一种领导最厌烦的下属沟通不闭环的行为。事情交给下属后，下属很久没有反馈。过了几个星期，上司突然想起此事，就询问进展怎样了，下属回复说：“早就完成了。”他可能还以为有加分，但殊不知在领导心里已经减了两分。

首先，因为一直没有反馈，领导不能将此事放下，也就是说这件事一直是上司的责任；其次，事情做完了都不反馈，让上司继续想着这件事情。

因此，在沟通中务必要给别人明确反馈，特别是面对领导和客户的时候。

误区四：传递的信息质量低

沟通要“明确感知”的，也就是说你传递的信息要能让对方充分感知到。但事实上，因为沟通时“观点不明确”或“缺乏有说服力的佐证”，导致大多数时候，我们所传递的信息，对方都是没能明确感知到的。

1. 观点不明确

判断自己传递的信息观点是否明确的做法，就是问自己：我能否用一句话总结出想说明的内容吗？如果能，那传递的信息就观点明确了；如果不能，本次沟通就是无效的。自己都无法一句话总结出自己的意思，别人就更不可能理解了。很多时候，即使你能一句话总结出来自己的意思，别人也不一定能充分感知到。

2. 缺乏有说服力的佐证

传递的信息观点明确后，也不代表别人就会接受。例如，有人说“人其实是由猪变过来的”。这个观点够明确了，但你会接受吗？因此，你传递的信息除了要观点明确外，最起码还要配上有说服力的佐证。这类佐证可以是客观的统计数据、某个权威人士的背书、成功案例等。

误区五：情绪掩盖了信息

导致别人对传递的信息没有明确感知的沟通误区，除了传递的信息质量低之外，还有一个常见的误区就是：情绪掩盖了信息。

【案例】

周日，一位员工不得不去公司加班一整天，直到晚上八九点。但此工作内容原本不是她的，因为原负责的同事电话没打通、微信也没回，领导临时让她去帮忙的，自然让她心里有些不满。周一上班，她将周末加班处理的这件事交接给同事时，因为交接工作时的语气不够好，同事不但不领情，反而跟她吵了一架。可见，一旦沟通时不注意控制情绪，情绪就会掩盖你所传递的信息，典型的吃力不讨好。

因此在沟通时，如果你当时的情绪与你想传递的信息内容是相悖的，就牢记着一定要控制住自己的情绪；但如果情绪跟所传递的信息内容是一致的，就可以将这个情绪充分释放出来了，这会大大强化对方对你所传递信息的感知。例如，在祝福同事的时候，让你欢快的情绪充分释放就对了。

第二节
管理沟通的形式

一、语言沟通和非语言沟通

语言沟通就是通过语言、文字、图形、表格、数字等形式进行的信息沟通。语言沟通是生活中的主要沟通方式，相关的案例也是举不胜举。

非语言沟通是通过动作、表情、语调、手势等语音以外的形式进行信息沟通。非语言沟通越来越被重视，因为在语言沟通的同时，伴随一些非语言沟通效果会更佳。非语言沟通可以是有意识的或无意识的。非语言沟通的主要目的是表达感情、维持自我形象、验证语言信息的准确性、调节互动等。

除特殊环境、特殊原因，一般语言沟通都伴随非语言沟通；而非语言沟通很少伴随语言沟通，非语言沟通能起到语言沟通无法达到的效果。例如，情侣之间一个眼神、一个手势或飞吻，远比语言的效果好。

非语言沟通主要有以下几种形式：

（1）体语　通过人体活动表达的信息，如面部表情、步态、手势等。

（2）空间效应　对人们交流时的空间和距离的理解和应用。个体沟通交流时的空间和距离影响个体的自我暴露程度及沟通舒适感。人们交往过程中应用的距离主要可分为四种：

① 亲密距离：人们能互相触摸的距离。适用于安慰、爱抚、救护等场景。

② 个人距离：约一臂长的距离。文化背景不同的人群交流时的个人距离差异显著。与亲密朋友交流、与家人交流都属于个人距离。

③ 社会距离：适用于工作单位或社会活动，与同事交流、与客户交流

都属于社会距离。

④ 公众距离：适用于上课、讲演等活动。

（3）反应时间　反应时间的快慢，可反映出对交流的认真和关注程度。

（4）环境因素　影响传递信息和舒适程度的因素，如光线、噪声、室温等。

二、内部沟通和外部沟通

内部沟通是组织、企业、部门、团队内部进行的信息沟通。外部沟通就是组织、企业、部门、团队与外部平等主体为合作而直接进行的沟通。内部沟通和外部沟通的界定，要看如何划分内、外的边界。例如，技术部和市场部就一个项目方案的合作而进行的沟通，就是内部沟通；如果就此项目方案，技术部讨论自己的职责、任务、工作等，那么市场部就是他的外部沟通。

内部沟通主要遵循：以制度化、规范化为前提，本着实事求是解决问题的态度，并以效率和效益为原则，不推诿，追求达成共同目标。

外部沟通主要遵循：以合法性、规范化为前提，本着实事求是解决问题的态度，并以双赢为原则，公平诚信，平等互利，追求达成共同意愿。

三、正式沟通和非正式沟通

正式沟通是通过企业、团体、组织规定的沟通渠道，进行信息的传递和交流的方式。例如，项目例会、项目计划、项目报告、变更大会、合同和协议、组织与组织间的往来公函等。

非正式沟通是通过正式沟通渠道以外的途径进行的信息传递和交流方式。例如，茶余饭后的私聊、拉家常、过年过节的问候等。

正式沟通的优点是比较严肃、约束力强、沟通效果好，且信息具有法律效力；缺点是沟通速度慢、方式刻板，可能会因传递渠道的影响，造成信息失真或扭曲。正式沟通常用于重要的沟通和决策过程。

非正式沟通的优点是形式多样、沟通速度快、畅所欲言、沟通压力小等；缺点是不留证据、难以控制、信息极易失真，甚至演变为谣言。非正式沟通常用于领导了解员工情况，关系密切的成员之间的交流等。

四、同步沟通与异步沟通

同步沟通，也叫即时沟通，是需要沟通者之间实时响应的一种沟通方式，其主要特点在于沟通时，占据甚至是独占沟通者的注意力，沟通者之间需要实时地相互回应。

异步沟通区别于同步沟通，双方只有一方在线，表述的工作见解需要对方在线的时候，才可以收到并作出回复。主要特点在于沟通时，双方只是在不同时间交换一个留言，不用实时响应；沟通者在等待对方留言的时候可以处理其他事，不用独占注意力。

（一）同步沟通的利与弊

同步沟通的优点很明显，沟通中不确定性会降低。虽然抢占了沟通者的时间和注意力，但是效果卓越，沟通者立刻能知道对方反应，并且达成意向，一般不会出现等待成本。

同步沟通有两个缺点：

① 堵塞："堵塞"是同步沟通中，由于一方的问题临时中断沟通，造成其他沟通者的等待。例如：七八个人开会按照日程讨论，经常遇到的是某个参会者发言到一半，突然需要接个重要的电话（多半是其领导），直到其电话沟通结束。由于"电话"和"开会"都是即时沟通，出现一件事严重"堵塞"另一件事。

② 敷衍："敷衍"比堵塞更危险。由于同步沟通需要实时响应，如果沟通方一时没有领悟到意思，或者没反应过来，本能且自然的动作就是"敷衍"，自然沟通效率和效果都差。例如：沟通过程中，如果对方什么都"嗯、好、明白"，大概率是沟通效果已出现异常，对方多半在机械式地敷衍、回应。

（二）异步沟通的利与弊

异步沟通需要沟通者承担回复等待的时间成本，原则上沟通效率没有同步沟通高。在面对一些紧急又重要的事项时，远不如同步沟通效果好。但是异步沟通也有其适用的场合，在面对一些非紧急事项，需要沟通者深入思考的事项时，异步沟通反而效率更高。

① 自然统筹：在等人回话、等人邮件、等人微信回复时都不会只做等一件事，自然在"统筹"——同步做其他的事情，如去吃个饭或做其他的工作。换言之，这是异步沟通拿时间换来的。因为沟通得不到实时反馈，但我们可以加以利用，统筹推进其他事情。

② 批量处理：《慢思考》中讲道："我们的大脑更擅长对同一件事情做

反复批量的操作，而不是频繁地切换在多个不同场景的频道中。”因为大脑在专注单一的模式下，一般容易达到更高的效率。异步沟通给我们提供了这样一种可能性，由于可以自由安排沟通顺序，我们完全可以把一类事情归到一起做。

③ 留底留证：由于异步沟通会有一定的时间跨度，或者无法一次沟通完成，双方都会有意无意地保留沟通过程中的图文等信息，以便之后再沟通。正是因为这些信息记录的存在，沟通者是很难敷衍或推脱的，有效地避免了双方后续的扯皮现象。

第三节
克服沟通障碍

一、沟通的四大心理障碍

沟通的四大心理障碍如图 2.2 所示。

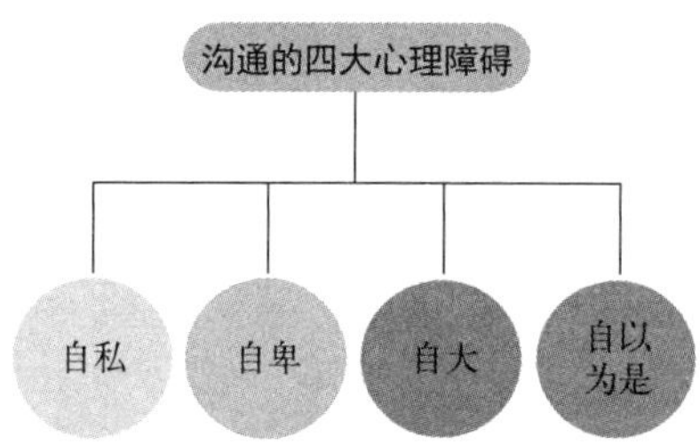

图 2.2　沟通的四大心理障碍

障碍一：自私

【案例一】

马上过年了，李先生在为今年过年去谁家的问题而苦恼，于是想去找老婆沟通一下。李先生询问老婆：“老婆，今年过年是去你家过，还是去我家过？”老婆坚定地回答：“当然去我家啊，我家里上有老下有小的。”李先生一听不乐意了：“你这个女人怎么这么自私啊，只有你家里上有老下有小，我家不也一样吗？”老婆一听这话也不乐意了：“你还说我自私，你这个人平时最自私，上次……”两个人就这样吵起来了。

点评：从案例中可以看到，两人都自私，这是典型的由自私导致的沟通问题。这种类似的问题在生活中特别多。

【案例二】

临近下班，小张的生产工作还差最后一步，用天车操作一下很快就能完工。正在这时，设备维修员小王过来了，要对天车进行例行点检，点检完他也可以下班了。小张想先用，用完再让小王去检修；而小王想先检修，完事再让小张用。最后你不让我用，我就不让你修；你不让我修，我也不让你用。两个人互不相让，发生了激烈的争吵。

点评：案例中两人为什么会争吵，本质也是因为自私，都想早点下班。在工作中，部门与部门之间、员工与员工之间经常会争吵，而争吵的起点就是部门利益之间的冲突。员工利益之间的冲突，也都是自私引发的。

自私在沟通中的具体表现如下：

（1）不考虑对方的利益和立场　沟通时只考虑自己的利益，从来不考虑对方的利益。

（2）毫不妥协　当利益发生冲突的时候，双方都不愿意妥协，固守着自己的利益不放。

（3）不主动沟通（有了问题不反映）　团队有了问题，因为害怕自己承担责任，不愿意主动反映。

改变自私的心态，可以采用以下三种方法：

（1）树立双赢思维（少说“我”，多说“我们”）　工作中各部门之间本质上是合作共赢的关系，但很多时候大家会把这种合作共赢变成你死我活。多说“我们”，用语言把双方联系起来。就像案例一中，李先生应该这样说：“老婆，今年我们这一大家子在哪过年的问题，我们得提前考虑一下。”而不是一开口就是“去你家还是去我家？”分得太清楚，很容易产生冲突。

（2）加强换位思考（己所不欲，勿施于人）　我们经常说“己所不欲，勿施于人”，沟通时要多站在对方的立场考虑问题。例如，有些企业的销售部和生产部经常吵架闹矛盾。因为销售部每次拿回来的订单要货都特别着急，这样就会打乱生产部的生产计划；生产部就不愿意配合，双方经常为这个事争吵。如果双方都能加强一下换位思考，销售部谈订单时想办法为生产多争取点时间；生产部也克服点困难，尽可能满足客户的订单需求，部门之间的矛盾就会少很多。

（3）调整心态、拓展胸怀。

【案例】

清康熙年间，张英担任文华殿大学士兼礼部尚书。他老家桐城的老家与吴家为邻，两家院落之间有条巷子，供两家出入使用。后来吴家要建新房，想占这条路，张家人不同意。双方争执不下，将官司打到当地县衙。

县官考虑到两家人都是名门望族，不敢轻易了断。

这时，张家人一气之下写了一封加急信送给张英，要求他出面协调。张英看了信后，认为应该谦让邻里。他在给家里的回信中写了四句话："千里修书只为墙，让他三尺又何妨？万里长城今犹在，不见当年秦始皇。"家人阅罢，明白其中含义，主动让出三尺空地。吴家见状，深受感动，也主动让出三尺房基地，"六尺巷"由此得名。

点评：这个案例启示我们，在双方僵持不下时，适时退让能让人拥有更广阔的格局。许多冲突往往源于微不足道的小事，我们应该提升自己的视野，不要过分纠结于眼前的小利益得失。通过放宽心胸，我们能够避免不必要的争执，从而实现更和谐的人际关系。

障碍二：自卑

自卑是一种负能量。如果人的注意力焦点放在消极的一面，就会获得这种负能量。这在工作和生活中随处可见。同样一件事，比如坐火车，有的人在火车上能够结识很多新朋友，有的人在火车上一言不发。有的人为什么不敢跟别人说话？大概率是因为他害怕找别人说话，别人不理他，这样显得很没有面子；他关注的总是消极的一面，所以他自卑。另外一类主动聊天的人，他找别人聊天时，也有可能碰到不理他的，但是没关系，换个人再聊。他关注的总是积极的一面，所以他自信。追求异性也是一样，自卑的人总是不敢走出第一步，因为害怕被拒绝。自信的人永远停不下脚步，因为即使被拒绝，马上就会找到下一个目标，成功的概率永远比自卑的人更大。工作中也一样，自信的人往往升职加薪更快，而自卑的人往往得不到领导的重用。自卑在沟通中的具体表现如下：

（1）对上沟通没有胆量　不敢跟上级领导沟通，害怕领导的批评，总是等着领导来找你；

（2）公开场所不敢发言　开会时不敢发言，不愿意参加需要公开表达自身想法的活动，如岗位竞争演讲等；

（3）不敢跟陌生人说话　不敢跟陌生人沟通，不愿跟不熟悉的人沟通。

提升自信心，可以采用以下四种方法：

（1）相信别人，做勇敢者　主动找别人沟通被拒绝的概率是很小的。上台发言，别人也不会笑话你；找领导反映问题，也不会受到领导的批评……即使被别人拒绝了又能怎样？对个人而言又有什么损失？其实都不会，要充分相信别人，勇敢地迈出那一步是最重要的。

（2）沟通前做好准备（列提纲、勤练习）　沟通前的准备非常重要。假设明天要当众给领导汇报工作，晚上就在家里列提纲勤练习。对着伴侣说三遍，对着孩子说三遍，再对着墙壁说三遍。经过自己反复的练习，就胸有成竹了。第二天当众汇报工作，有条不紊，必然会收获来自领导的认可和表扬。在被认可后，会觉得自己非常适合当众汇报工作，下次有这种机会还会继续争取，自信心就越来越强。倘若前天晚上出去喝酒半夜归家，无任何的准备，汇报时结结巴巴，受到的是领导的批评和质疑，从此就再也不敢当众汇报工作了，最后变得越来越自卑。所以自信和自卑并不是与生俱来的，而是后天一点一滴地积累起来的。

（3）开会时坐第一排、第一个发言　很多人开会都习惯坐最后一排，并且先来的人习惯性抢坐最后一排。但在会场里面，优秀的人往往都坐在前面，越优秀越靠前，而且最优秀的人落座在主席台上。所以要想变得优秀，就要离优秀的人近一点。

在会议发言时，争取尽早发言至关重要。如果你花费了三个小时精心准备了三个观点，但在第二天的会议中，前面的三位发言人已经覆盖了你准备的内容，你将面临无话可说的窘境。因此，提前发言可以避免这种情况，确保你的准备不被浪费。

（4）提高说话的声音　自卑的人说话有个特点就是声音小。提升自信心最简单有效的方法就是提高说话的声音，效果立竿见影。有人说自己天生说话声音就小，其实不然。这是典型的自我设限，每个人都有大声说话的能力，只是你慢慢养成了小声说话的习惯，改掉这习惯就是你提升自信心的第一步。

障碍三：自大

沟通中的自大是一种态度，一种居高临下、盛气凌人的态度。特别是管理者面对下属的时候，容易出现自大的问题。自大在沟通中的具体表现如下：

（1）不注意沟通渠道和方式的选择　有部分管理者在与下属沟通时，言语过于激进，丝毫不尊重对方，张口就是批评、骂人，我们甚至看到过领导打人的新闻。这都是错误的沟通方式，这样沟通不可能达到沟通的目的。

（2）高高在上的感觉，傲慢的态度　自大的管理者常常带着官架子，沟通的时候态度非常傲慢，导致下属不敢说出自己的想法。

（3）咄咄逼人　两个人争执不下时，对方意识到自己的问题，想跟你退一步海阔天空；你却得理不饶人，步步紧逼，逼得对方只能寸步不让。这都是自大的沟通方式。

改变自大的心态，可以采用以下三种方法：

（1）用“放大镜”看别人的优点，用“显微镜”看自己的缺点　每个人都有自己的长处，即便是团队中表现最不尽如人意的成员；同样，每个人也都有不足之处，哪怕是那些看似无可挑剔的人。我们自己并非想象中那么完美，他人也并非我们所想的那般不足。因此，将注意力更多地集中在改进自己的不足上，可以帮助我们保持谦逊。同时，多关注并赞赏他人的优点，不仅能让我们的人际关系更加和谐，家庭生活更加幸福，还能赢得下属更多的尊重和认可，进而提升他们的工作积极性和表现。

（2）不说一句硬话、不办一件虚事　说硬话、办虚事，就是典型的“态度上的自大，行动上的自卑”。即“说话的巨人，行动的矮子”。作为管理者，在下属面前，话不要说得太硬，但工作要求必须落实到位。一些管理者频繁强调要对员工进行考核和惩罚，但最终团队管理却混乱不堪，导致应受惩罚的行为未被处理，应受奖励的表现也未得到认可。

（3）放下情绪——情绪是沟通的最大“杀手”　沟通中，往往是先感知到对方的情绪，再了解到对方的观点。有时候对方还没有开口说话，我们就已经感知到对方的情绪了；甚至电话里就能感受到这种情绪，从这种情绪你就能判断，等会儿他过来可能不是来沟通的，而是来吵架的。因此，双方沟通过程中，一旦产生了情绪，就很难达成一致。唯一的办法就是先停下来，等双方的情绪平复之后再沟通。

障碍四：自以为是

图 2.3 里面的两个人为什么争吵，到底谁是对的？其实两个人都是对的，那为什么会争吵呢？就是因为两个人永远只愿意站在自己的立场看问题，这就是“自以为是”。

图 2.3　自以为是

自以为是在沟通中的具体表现如下：

（1）固执，不愿倾听、接受任何和自己不同的意见　有的人只要和自己的想法、观点不一致就不接受；甚至在沟通过程中，一听到和自己不同的观点，就会本能地排斥甚至反驳，不会去思考为什么别人会有那样的想法，只是一味地沉浸在自己的思维里。

（2）经常与人争执　自以为是的人特别喜欢和别人争辩，不但要证明自己是对的，还特别想说服别人接纳自己的想法。两个自以为是的人坐在一起喝茶，过不了多久，大概率就会争吵起来。我们什么时候看到吵架的双方能达成一致的？绝大多数时间都是不欢而散。

（3）对传递的信息不负责任，不寻求反馈　在企业里面，很多时候沟通过程就是一个信息传递的过程，但在信息传递中往往会出现信息失真的现象。因为每一次传递，传递者都以为自己讲清楚了，对方也以为自己听明白了；传的人不负责确认，听的人不主动反馈，最后形成了沟通漏斗（图 2.4）。

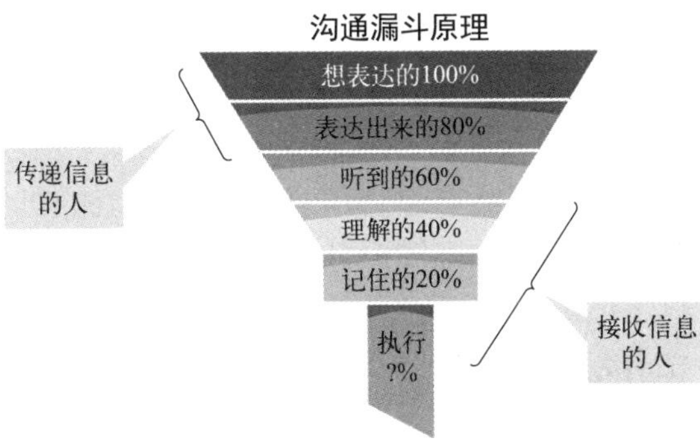

图 2.4　沟通漏斗原理

改变自以为是的心态，可以采用以下三种方法：

（1）承认"你永远看不到世界的全部"　一位哲人曾言，世界上存在着两个层面的现实：一是客观世界本身，二是我们各自感知的世界。我们必须认识到，每个人眼中的世界都是独特的，你所看到的世界可能与他人所见截然不同。因此，理解和尊重他人视角的差异是非常重要的。

（2）学会换一个角度看问题　就像图 2.3 的漫画一样，在很多情况下，对与错并非绝对，而是取决于个人看待问题的角度。例如，一位员工因为公司裁员而失去了她最好的朋友，她认为公司的做法是错误的。但如果从老板的角度来看，如果不进行裁员，公司可能无法维持运营，甚至面临倒闭的风险，那么裁员就成了必要的决策。因此，当沟通双方意见不合时，尝试换位思考，理解对方观点背后的逻辑，是促进双方达成共识的重要一步。通过这种方式，我们可以更接近于理解对方，并找到解决问题的共同点。

（3）经常反省、坚持“自以为非”“自以为非”就是自己认为自己是错的。能做到这一点是比较难的，“自以为非”本质就是一种深度思考的方式。现在社会获取信息的渠道越来越多，真真假假难以分辨；很多时候大家的想法被舆论所左右，被媒体所左右，但有时候你听到的未必都是真的；这就需要我们进行深度的思考，去伪存真。深度思考的来源就是对自我的质疑，也就是“自以为非”。特别是在工作中，要经常反省。每天花几分钟思考一下，今天我做的工作都是对的吗？有没有更好的办法？只有每天反省，坚持自以为非，我们才会不断创新、不断进步。

反思：我个人在沟通中存在的主要问题是什么？

二、导致沟通时信息传播障碍的三个方面

（一）信息发送障碍

1. 目的不明

若信息发送者对自己将要传递的信息内容、交流的目的缺乏真正的理解，即不清楚自己到底要向对方倾诉什么或阐明什么，那信息沟通的第一步便碰到了无法逾越的障碍。因此，信息发送者在沟通信息之前，必须有一个明确的目的和清楚的概念，即“我要通过什么渠道，向谁传递什么信息，并达到什么目的”。

2. 表达模糊

若发送者口齿不清、语无伦次、闪烁其词，或者词不达意、文理不通、字迹模糊，都会产生噪声并造成信息传递失真，使接收者无法了解对方所要传递的真实信息。

3. 选择失误

信息发送者若对传递信息的时机把握不准，缺乏审时度势的能力，则会大大降低信息交流的实际价值；若选择不恰当的沟通渠道，则会使信息传递受阻；若沟通对象选择错误，无疑会造成“对牛弹琴”的局面，直接影响信息交流的效果。

4. 形式不当

在使用语言和非语言沟通时，我们必须确保两者传达的信息是一致的，否则可能会让人感到困惑不解。同时，在传递紧急信息时，应选择电话、传真或互联网等现代快速通讯方式，而不是传统的邮寄信件。如果采用传统邮寄方式，接收者可能因为信息的延迟而错失行动的最佳时机，导致信息失去了原有的价值和紧迫性。

（二）信息接收障碍

1. 过度加工

接收者在沟通过程中，有时会依据自身的主观意愿，对信息进行“过滤”和“添加”。如在企业里，向上沟通存在“投其所好”“报喜不报忧”；向下沟通存在逐级“添枝加叶”的问题，这类行为会使所传递的信息或断章取义、或面目全非，最终导致信息的模糊或是失真。

2. 知觉偏差

接收者的个人特征，诸如个性特点、认知水平、权力地位、社会阶层、文化修养、智商、情商等，将直接影响到发送者的正确认识。人们在信息沟通中，总习惯于以自己认知为准则，对不利于自己的信息要么视而不见，要么熟视无睹，甚至颠倒黑白，以达到防御的目的。

3. 心理障碍

由于接收者在沟通过程中曾经受到过伤害和不良的情感体验，造成一种“一朝遭蛇咬、十年怕井绳”的心理定势。对发送者心存疑惑、怀有敌意，或由于内心恐惧、忐忑不安，进而拒绝接受对方所传递的信息，甚至还会抵制参与信息交流。

（三）信息传播通道的障碍

信息传播通道的问题，也会影响到沟通的效果。信息传播通道障碍主要有以下几个方面：

1. 选择沟通媒介不当

对于重要事项，若仅通过口头传达可能效果不佳，因为接收方可能会认为“口说无凭”或视之为“随便说说”，从而不会给予足够的重视。

2. 几种媒介相互冲突

当信息通过多种方式传递时，如果这些方式之间缺乏协调一致性，可能会导致接收者难以把握信息的真实意图。例如，当领导在表扬下属时，如果面部表情严肃甚至皱眉，这种非语言信号可能会让下属感到困惑，不知道领导的真实态度是赞扬还是批评。

3. 沟通渠道过长

组织机构庞大，内部层次多，从最高层传递信息到最低层；从底层汇总情况到最高层，中间环节太多，容易使信息损失较大。

4. 外部干扰

信息沟通过程中经常会受到自然界各种物理噪声、机器故障的影响或被其他事物干扰，也会因双方距离太远而沟通不便，最终影响沟通效果。

第四节 沟通要素与策略

一、高效沟通的四大要素

要素一：倾听

【案例】

松下幸之助被誉为“日本的经营之圣”。一位曾经拜访过他的人这样记述道：“拜见松下幸之助是一件轻松愉快的事，我根本没有感到他就是日本首屈一指的经营大师。他一点也不傲慢，对我提出的问题听得十分仔细，还不时亲切地附和道‘啊，是吗’，毫无不屑一顾的神情。见到他如此的和蔼可亲，我不由得想探询：松下先生的经营智慧到底蕴藏在哪里呢？调查之后，我终于得出结论：松下先生的经营智慧，核心就是善于倾听。”

上天赐人以两耳、两目，但只有一口，欲使其多闻、多见，而少言。沟通的目的是达成一致，要想与对方达成一致，首先就得了解对方的观点。倾听就是了解对方观点最好的途径。要想提升沟通能力，首先要学会倾听，倾听是沟通的基础。

如何来倾听，我们来看这个繁体“聽”字：左边有一个“耳”，说明要用耳朵来听；右边中间有一个横着的“目”，是告诉我们倾听的时候眼睛要看着对方；右边下面是一个“心”，说明听的时候要用心、专心；左边下面耳朵旁边有一个“王”，意思是你在听别人讲话的时候，要把对方当王，不要轻易去打断别人。总结一下倾听的实用技巧：采取正确的态度，保持意志集中，避免打断别人表达；勇于发问，检查所听到的内容；勤做笔记，增强记忆。

要素二：换位思考

【案例】

1960 年，Ben Duffy 在纽约有一家小型的广告代理公司。他听到消息说，美国烟草正在寻找新的代理商，所以他打电话给美国烟草的总裁，约定了面谈的时间。这可是一笔巨大的生意，它能使 Ben Duffy 的小公司（后命名为 BBD & O）一举成名。Duffy 觉得他必须计划一下这次的会面。于是他去酒店租了一个房间，保证自己不受任何干扰。他工作了很久，但仍然没有找到突破口。最后，他自言自语道：“如果我是美国烟草的总裁，我想知道代理商的哪些情况呢？”他马上坐下来，写出了一系列问题，然后他把问题筛选精简成10个，并且为每个问题都准备了答案。第二天，Duffy被领进总裁的办公室。在拘谨的自我介绍后，他说：“我想您一定想通过今天的会面知道我们公司的一些情况，所以我准备了10个问题，也许有您希望知道的答案。”“真是太有趣了，”总裁回答说，“我做了同样的事情，您愿意和我交换一下各自所列的问题吗？就现在。”Duffy知道这是决定生意成败的关键，他同意了。他在看总裁所写的问题时，非常惊奇地发现他们列出的问题非常相似。这时候，总裁说道：“我看了一下，10个问题中有7个是一样的。”Duffy表示同意。总裁接着说：“我觉得我们有基础可以进行讨论，得出一个双赢的计划。”就这样，BBD & O这家小公司得到了这笔价值百万的生意，如今它已经成为世界上最大的广告公司之一了。

点评：案例中Duffy之所以能顺利谈成这笔合作，关键就在于换位思考。因此，沟通中最重要的就是：真正走进对方的内心，了解对方内心的想法和需求，解决他内心的疑惑，满足他内心真实的需求。那么双方达成一致将成为必然。

要素三：积极地回应

想象一下，老师在讲台上讲课时，提出的观点无人点头响应，提出的问题无人回答，讲的笑话无人发笑。在这种情况下，课程就很难继续进行下去了。实际上，学生对老师的回应是课堂氛围的重要组成部分。因此，积极的回应对于营造一个良好的沟通环境至关重要。

沟通的氛围决定了沟通的质量。真正的沟通高手，在沟通之前都会先营造一个适合沟通的氛围。

在沟通中如何积极地回应他人呢？可总结为以下四点：

（1）点头　点头代表你在认真聆听，代表你对对方表达观点的认可，代表你理解了对方所讲的内容，并能感同身受。

（2）微笑　有些人总是面无表情，与人交流时缺乏笑容。这会给人一种难以接近和沟通的印象。相反，经常面带微笑的人更容易吸引他人与之交流。因此，有句话说得好：“微笑是成功的敲门砖”。

（3）赞美　人们普遍渴望得到他人的赞赏，哪怕赞美之词稍显夸张。我们应该学会敏锐地捕捉他人的优点，并主动、真诚地表达这些赞美。

（4）眼神交流　我们经常说“眼睛是心灵的窗户”，要想了解对方内心的想法，你不能靠猜，你得趴着窗户往里看。因此很多时候眼神的交流比语言更加真诚。

要素四：有效地表达

沟通主要就是两个环节：一个是接收信息，就是倾听；一个是发出信息，就是表达。什么叫有效地表达呢？更容易让对方理解和接受的表达，就是有效地表达。有效地表达遵循两个原则：

（1）对发出的信息负责（主动、确认、反馈） 即使你认为自己已经表达得很清楚，也不能保证对方已完全理解。因此，有效的沟通不仅仅是传递信息，更重要的是确保信息被正确理解。这就需要我们主动与对方进行确认，以确保他们真正理解了我们的意图。

（2）采用正确的表达方式（数据化、图形化、表格化） 数据、图形、表格相比于单纯的文字更容易让大家理解。跨专业沟通时，尽量不要用专业术语，要用通俗一点的语言来表达。

二、沟通的艺术——妥协

什么叫“妥协”？妥协是人在群体生活当中一种必须学会的本领和技能，是适应社会环境的一种健康的心态，更是人际关系中一种良好的合作行为，是做人做事好、为人为得好的必要保障。妥协不是简单地让步、放弃，而是在知己知彼的基础上达成的一种共识。如今提倡和谐社会，和谐就是要在“和而不同”中讲“和”，让个性的生命与共性的生存环境同频共振。无论是工作还是生活，妥协不仅是为了“安定团结”“家和万事兴”，更潜藏着一种坚持——这种坚持可以被理解为一种坚定的决心：无论怎样，我们都要把事情做成；无论怎样，我们都要把日子过好。

（一）妥协是工作的灵魂

大多数人的智慧和能力相差无几。人与人之间在先天条件上的微小差异，最终导致事业成就上的巨大差距，往往是因为一些人只知道进取，不懂得适时退让，未能掌握妥协的艺术。在这个多彩的世界中，我们必须寻求个人与社会环境的和谐共存；要么改变环境，要么适应环境。适应环境的一个有效方法就是学会妥协。巧妙的妥协是各种竞争和人际关系中保全自我的重要策略，它有助于打破僵局，迅速摆脱尴尬。历史上的伟人往往都掌握了超凡的妥协技巧。那些不能忍受一点委屈、不愿做出任何让步的人，不仅难以成就大业，往往还会沦为受气的对象。

（二）妥协有时意味着生活的本质

人与人之间的妥协体现了谦逊、宽容和大度，是一种情感和智慧的体现。妥协不仅是生活中的一种策略和技巧，更是人际关系的润滑剂。它是一种考验，一种自我修炼的过程。如果能够恰当地掌握妥协的尺度，许多问题都能得到顺利解决。有时候，退一步可以让人视野开阔；让三分可以让人心态平和。

很多人都会不自觉地把妥协看成投降，认为妥协就是放弃、认输，妥协就是丧失原则，其实二者不同。妥协是指在发生争执或斗争时，一方或双方为了达到某种目的，迫于压力而让步；而投降则是指彻底放弃抵抗或归顺对方。可见，妥协是有条件的让步，是保护己方利益的手段。妥协不是软弱、不是认输，更不是失败，而是对生活、对工作、对人生的一种豁达，一种开朗的态度。

（三）妥协不是说凡事都默认和接受，没有自己的一点个性和主见

妥协是一个人不可以把自己的主观想法强加于人。不能凡事都以自己的想法为主，不愿意屈就，不愿意谦虚地考虑别人的意见和看法；而是要经过理性的分析之后，勇敢地去接受。妥协不是软弱，不是退却，更不是背叛。妥协是有限度的忍让，是以退为进的策略，是求同存异。妥协，并不是简单地向别人低头，单纯的让步或轻易地放弃；它只是一种有分寸的后退，一种适度的弯曲；在困难与压力面前低头是人的一种基本生存能力，在强大的压力面前死撑硬抗，只能换来无谓的牺牲。

三、非暴力沟通策略

（一）什么是非暴力沟通

非暴力沟通（简称 NVC），由美国威斯康星大学临床心理学博士，国际非暴力沟通中心创始人马歇尔·卢森堡提出，是一种强大有效的沟通方式，但远不止于此。同时，它亦是一种我们在世上存在、思考和生活的方式。它旨在促进我们与自己、与他人建立真诚联系，并通过出于善意地给予，使每个人的需要都得到满足。它鼓励我们发自内心地给予，帮助我们与自己的内在灵性沟通，帮助我们倾听心中每时每刻涌动的思绪。

非暴力沟通是一种“善意的语言”，但它实际上是一种“生命的语言”——善心在其中自然而然地生发。这种沟通方式告诉我们如何表达我们心中的感受和想法，并了解他人心中的感受和想法。一旦清楚了彼此心中

的感受和想法，我们就能考虑如何做，以使我们的沟通更高效。

非暴力沟通的理念起源于两个核心问题：首先，是什么因素导致有些人的行为中带有暴力和剥削性质；其次，需要什么样的教育来培养和守护我们内心的善良。尽管存在一些行为带有暴力和剥削性质的个体，善良仍然是人类天性中的一部分。西方传统上倾向于将善恶二元对立，认为暴力和剥削的存在根源于人类的“邪恶本性”——自私和残忍。然而，这种观点并不全面，因为许多人实际上乐于为他人的幸福做出贡献。问题在于，为何有些人倾向于漠视他人受苦，而另一些人则完全相反？这涉及更复杂的人性和社会因素。

马歇尔·卢森堡发现，要理解相似情境中为什么有些人以暴力回应，有些人则以善心回应这一问题，有三个因素十分关键：学会使用的语言、学会思考和沟通的方式、学会支配他人和自己的特定方法。

这三个因素在很大程度上决定了在某些情境中是以暴力还是以善心回应。所以，将这三种有助于促使人愿意为自己和他人的福祉做贡献的因素——语言的类型、思考的方式和沟通的形式，整合成了非暴力沟通的方法。

非暴力沟通方法告诉人们如何坦诚表达自身所处的状态，以及内心的感受和想法——不做任何批评，也不做任何暗示错在他人的分析。这一方法基于这种假设：我们与他人交流时，如果言语中带有分析、批评或暗示对方犯错的意味，那么这种沟通方式就无法促进双方的幸福。非暴力沟通方法强调，行为的动机应当源自善意，而非恐惧、内疚、羞耻、责备、强迫、威胁或惩罚。换句话说，这种方法让我们得到自身想要的，且日后不会后悔。这个方法一方面在于清楚地表达我们内心的感受和想法，不带分析、批评和指责；另一方面则在于清楚地表达什么会使我们的生活更美好、工作更高效，并将这个信息以请求而非命令的形式传达给他人。非暴力沟通关注人们的需要是否得到了满足，如果没有，怎样做才能使这些需要得到满足（参见表 2.1 和表 2.2）。它告诉我们如何表达自己，以使他人更愿意为我们的幸福做贡献；也告诉我们如何理解他人的信息，以使我们更愿意为他人的幸福做贡献。

表 2.1　人类共有的基本感受

需要得到满足时的感受	需要未得到满足时的感受
惊奇、舒服、自信、期待、振奋、满足、高兴、希望、鼓舞、好奇、喜悦、感动、乐观、自豪、释然、亢奋、惊喜、感恩、触动、信任	生气、恼火、忧虑、困惑、失望、灰心、痛苦、尴尬、泄气、无助、无望、急躁、恼怒、孤独、紧张、惊惶、迷惑、勉强、悲伤、不安

表 2.2　人类共有的基本需要

自主	
选择自己的梦想、目标和价值观	选择实现这些梦想、目标和价值观的方式
纪念	
庆祝生命的创造和梦想的实现	哀悼失去至爱之人，梦想破灭等
人格健全	
真诚、创造力	意义、自我价值
互相依存	
接纳、欣赏、亲近、共享、体贴、 为丰盈的生命做贡献 情感安全、换位思考	诚实（让我们能从自我缺陷中学习的诚实）、 爱、安心、尊重、支持、信任 理解、温暖
滋养身体	
空气、食物、活动和运动、防御措施，免于病毒、细菌、昆虫、捕食性动物等的威胁	休息、性表达、住所、 抚爱、水
玩耍	
乐趣	欢笑
心灵契合	
美、和谐、灵感	秩序、和平

（二）非暴力沟通的四要素（表 2.3）

首先，表达你对所发生事情的观察，不掺杂个人评论；
其次，你把自己对于这件事情的感受表达出来，不包含指责和批评；
第三，表达在这种情况下你的需要，不针对特定的人或特定的策略；
最后，说出你的请求，希望对方做些什么使你的生活和工作变得更美好。

表 2.3　非暴力沟通的四要素

非暴力沟通的四要素	
清楚地表达自己，不带责怪和批评	关切地倾听对方，而不解读为责怪和批评
1. 观察	
我所观察到的（看见、听到、记住、想象，不带我的个人评价）对我的个人幸福有帮助的具体行为：“当我（看见、听见）……”	你所观察到的（看见、听到、记住、想象，不带你的个人评价）对你的个人幸福有帮助的具体行为：“当你（看见、听见）……”（有时在倾听中不说出来）

续表

2. 感受	
我所观察到的给我什么感觉？（情感、感觉，而非想法）：“我感觉……”	你所观察到的给你什么感觉？（情感、感觉，而非想法）：“你感觉……”
3. 需要	
什么样的需要和价值（不是偏好和具体行动）导致我有那样的感受：“因为我需要 / 重视……”	什么样的需要和价值（不是偏好和具体行动）导致对方有那样的感受：“因为你需要 / 重视……”
4. 请求	
清楚地提出那些可以让我的人生更丰盈的请求，且不带命令意味：“你是否愿意……？”	理解、接纳那些让你的人生更充盈的事物，而不将其当作命令：“所以，你希望……？”（有时在倾听中不用说出来）

（三）有助于化解冲突的非暴力沟通实践

1. 对“需要”的定义和表达

当我们持续聚焦于需求时，更有可能找到双方都满意的冲突解决方法。在关注需求的过程中，我们不仅要表达自己的需求，还要清晰地理解他人的需求，并避免使用任何暗示对方有错的语言。

遗憾的是，很少有人能够擅长表达自己的需求。相反，他们更倾向于使用批评和侮辱等沟通方式，这些方式往往会在人与人之间造成隔阂。因此，一些本可以轻松解决的冲突变得难以调和。双方本应表达并理解彼此的需求，却陷入了争论谁对谁错的循环。这种争论很可能以语言、心理甚至身体上的暴力结束，而不是通过和平的方式得到解决。

由于“需要”是这种冲突化解方法中非常重要的组成部分，“需要”可以被视为生命为了维持自身存活所必需的资源。例如，我们身体健康是因为我们对空气、水、休息和食物的需要得到了满足；而当我们对理解、支持、诚实和意义的需要得到满足时，我们的心理和精神健康就得以加强。

根据需要的这个定义，不管我们的性别、国籍和宗教信仰是什么，受教育程度如何，所有人都有相同的需要。人与人的不同在于满足需要的方法。将我们的需要与可能满足需要的方法区分开来，有助于化解冲突。

【案例】

一对几乎对婚姻已经绝望的夫妻去进行心理咨询，心理咨询师问这个丈夫，在婚姻中他有哪些需要没有得到满足。他回答说：“我需要摆脱这个婚姻。”但他并没有表达出心理咨询师所定义的需要。相反，他告诉心理咨询师他正在考虑采取的一个策略。咨询师向他指出这点，并建议他要先真正弄清楚他和妻子的需要之后，再讨论策略方法。当他们能够弄清楚彼此的需要时，两人都意识到：可以满足他们需要的方法有很多，而不是只有离婚。

许多人都觉得表达需要很难。当人们想要化解冲突时，若没办法准确地表达“需要”，就会造成问题。

2. 准确表达“需要”的几个要点

（1）感知他人的需要　化解冲突的方法不仅要求我们学会表达自己的需要，还要求我们帮助他人清楚表达他们的需要。通过训练，我们能够做到：不论他人如何表达，都能从其话语中听出他们的需要。

因为我相信，一句话，不管其形式或内容是什么，本质上都是对需要的一种表达。如果我们理解了这个观点，就可以训练自己感知每一句话中潜藏的需要。

【示例】

如果我就某人刚说过的话提出一个问题，而这个人回答说“这个问题真蠢”；那么，我会选择去感知这个人对我做出如此评判所要表达的需要可能是什么。我可能会猜，我问这个问题时，对方想要得到理解的需要没有得到满足。

如果我请求某人和我谈谈我俩感情中的压力问题，却得到“我不想谈这些”的回答，我就可能觉察到对方需要保护——保护自己不受伤害：她猜想，如果我们进行沟通，那么发生的事就可能会伤害到她。

这种感知他人需要的能力，在化解冲突中非常关键。通过感知到双方的需要，并用语言将之表达出来，我们就能够帮助双方倾听对方的需要。这能创造优质有效的沟通，使冲突得到成功解决。

（2）确认是否听清楚了他人需要　确保听懂了他人的需要，这是冲突化解中非常关键的一个技巧。我们不能想当然地以为话说出来对方就能准确地理解。在调解冲突的过程中，如果不确定双方已经完全理解的话，可以多次向双方复述：“你能告诉我，你刚才听到对方在这种情况下有什么需要吗？”这样做，是为了确保双方都清楚地理解了对方的需要。

（3）给予他人理解　如果人们能直截了当地问：“这是双方的需要，这是现有的资源。怎么做才能满足这些需要？”冲突很容易就能化解。但难的是，我们往往没法理解对方的需要，我们会将需要人为地贴上各种标签。如此，最简单的冲突都会变得难以解决。多给予他人一些理解，正面地来看待对方和自己的需要，冲突化解就会变得容易很多。

（4）用积极的行动语言提供解决方案　仅帮助双方了解对方的需要是

不够的，让所有人的需要都得到满足的行动才是最终目标。这就要求我们，能够将提出的策略用积极的行动语言表达出来。

在提出请求时，使用积极的行动语言，明确表达我们为了满足需要想要采取的行动，而不是我们想要避免的行动。在冲突情境中，指出我们不想要的事情往往会引起困惑和抵触。这一点在我们自我对话时也同样适用：如果我们只关注于我们不想做的事情，那么我们就不太可能对现状做出积极的改变。

【案例】

一位女士，她和丈夫在关于他花多少时间在家的问题上起了冲突。因此，她对他说："我不想你花那么多时间在工作上，不想你经常跟朋友聚会喝酒。"后来，丈夫报名参加了一个保龄球俱乐部，这让她更生气了。

点评：这位女士的问题在于，她表达了"不想让丈夫做的事"，却没有说出她"想让他做的事"。行动语言是指当我们提出请求时，要用清晰的动词表达我们真正想要做的事；同时避免使用那些会模糊我们的需要或听起来像攻击的语言。

四、面对危机时的沟通策略

公众是危机的"火源"，要解决危机，就必须"扑灭火源"。社会大众作为企业的外部公众，是企业经营活动的现有或潜在客户，对企业会有无形的压力。危机也许只涉及很少的一部分，但是会潜在地影响到所有的消费者和客户，他们会据此重新判断企业产品或服务的价值。因此，企业要注意争取社会公众的理解、支持与信任。防止社会信任的丧失是头等大事，这就意味着管理者要积极主动地做出某种行动或说明来挽救企业声誉。

面对危机时，沟通可采用 4S 策略（图 2.5）。

图 2.5　危机沟通 4S 策略

（1）道歉（sorry）　公众不仅关注事实真相，在某种意义上更关注当事人对事件所采取的态度。事实上，大多数危机恶化都与当事人采取的不当态度有关，比如冷漠、傲慢、敷衍或拖延。受害者作为危机的直接当事人，对于企业给出一个明确说法的期望值最高，因为企业的态度将直接关系到他们的切身利益。他们会积极关注企业的公关举措，并会对外发表自己的评价。在危机发生后，管理者要以最快的速度与受害者接触，了解情况，坦诚相待，并积极查明事实真相，给受害者一个圆满解释；履行企业的社会责任与承诺，并尽力做出超出有关各方所期望的努力。此外，企业要冷静地倾听受害者的意见，向受害者道歉，给受害者以安慰和同情，并诚恳地对待受害者及其家属。

（2）闭嘴（shut up）　不发表言论，始终把企业形象放在首要地位；了解公众，倾听他们的意见，确保企业能把握公众的情绪，并设法使公众的情绪向有利于自己的方向转化。

不要和对方争论，永远不要和公众去辩论谁对谁错。1999 年，微软原中国总经理吴士宏因个人原因离职。媒体曝出了很多微软的内幕，令微软十分被动。当时微软制定的策略就是“打不还手，骂不还口”，结果公众反而认为吴士宏缺乏作为一个职业经理人的起码道德。

（3）展示（show）　沉默并非总是金。之所以沉默，是为了不与公众争辩，但务必重视与公众的沟通：建立有效的沟通渠道，与新闻媒体保持良好的合作关系，主动将自己所知道的和所想的，尽量展示给公众；不要试图去愚弄公众，否则会给人留下“傲慢和不尊重消费者”的印象。

（4）满意（satisfy）　让公众满意。“公众利益至上”是危机策略的根本。制定对策时，要尽量站在公众的角度考虑问题，结合企业实际，使解决方案能与公众的期望值相一致。例如，消费者在投诉时一般在意：企业是否与消费者进行真正沟通；企业是否勇于认错，对自身的失误勇于承担责任；企业对消费者是否可靠，不流于表面；企业是否以消费者利益为上，随叫随到，灵活变通，提供的产品是否名实相符。因而，企业从消费者的思路出发来考虑问题，有助于解决危机。

企业面对危机的处理步骤：

① 在危机处理过程中，安排专人与受害者接触；

② 了解和确认受害者的有关赔偿要求，及时向受害者及家属公布企业的赔偿办法和标准，并尽快落实执行；

③ 如受害者家属提出过分要求，要大度、忍让，切不可发生口角和争执；

④ 公关人员需站在受害者和企业双方的立场进行协调，争取对方的同

情理解；

⑤ 企业应在合适的场合与受害者单独进行沟通，有分寸地让步，如果拒绝的话，要注意方式与方法；

⑥ 做好善后服务，由企业领导人进行慰问和看望，并尽可能地提供所需的服务和帮助。

第五节
高效情境沟通技巧

在多样化的情境中与不同的沟通对象交流时，需要灵活运用不同的沟通策略和技巧。那些自诩为“直率”“心直口快”的人，往往缺乏细腻的沟通技巧。高效的管理者能够根据不同的对象和场合调整自己的沟通方式，做到“因人而异，因地制宜”。

一、如何对上沟通

【案例】

王岚刚从大学的人力资源管理专业毕业，毕业后来到东莞市的一家研发生产食品添加剂的公司。在到公司的第五天，王岚拿着自己的建议书走向了直接上级的办公室。

“王经理，我到公司已经快一个星期了，我有一些想法想和您谈谈，您有时间吗？”王岚走到经理办公桌前说道。

“来来来，小王，本来早就应该和你谈谈了，只是最近一直扎在实验室里，就把这件事忘了。”

“王经理，对于一个企业，尤其是处于上升阶段的企业来说，要推动企业的发展，必须在管理上狠下功夫。我来公司已经快一个星期了。据我目前对公司的了解，我认为公司主要的问题在于：职责界定不清，雇员的自主权太小，致使员工觉得公司对他们缺乏信任；员工薪酬结构和水平的制定存在较强随意性，缺乏科学合理的基础，因此薪酬的公平性和激励性都较低。”王岚按照自己事先所列的提纲开始逐条向王经理叙述。

王经理微微皱了一下眉头说：“你说的这些问题我们公司确实存在，但是你必须承认一个事实，我们公司在盈利，这就说明我们公司目前实行的体制有其合理性。”

“可是，眼前的发展并不等于将来也能发展，许多家族企业都败在管理上。”

“好了，那你有具体方案吗？”

“目前还没有，这些还只是我的一点想法而已。但是如果得到了您的支持，我想方案只是时间问题。”

“那你先回去做方案，把你的材料放这儿，我先看看，然后给你答复。”说完，王经理的注意力又回到了研究报告上。

王岚此时真切地感受到了不被认可的失落。果然，王岚的建议书石沉大海，王经理好像完全不记得建议书这回事了。王岚陷入了困惑之中，她不知道自己是应该继续和上级沟通，还是干脆放弃这份工作，另找一个发展空间。

点评：很明显，王岚与上级的这次沟通是失败的。首先，王岚是一个自大的人，她觉得自己的领导在人力资源这个板块是没有她专业的，因此这次沟通，她并没有把自己放在一个“下属”的位置，对自己的领导也没有发自内心的尊重。其次，对于这次沟通，王岚的准备也不够充分：她只是提了问题，并没有可行的解决方案。最后，就是对领导不理解。很明显，她提的问题王经理都知道，那为什么一直不做改变，一定有更深层次的原因。要想理解对方，一定要换位思考；只有做到了对领导的理解，才能真正替领导分忧。

在接受上级指令时，需要做到以下两点：确认信息、达成共识——确保真正清楚、明确地了解了任务，并且能够无差错地执行。

（一）对上沟通的四个原则

1. 尊重

向领导请教，适时赞美领导；受到表扬时说“谢谢”，与领导沟通时一定要记笔记。

2. 主动（随时汇报）

随时汇报你的工作进度，主动承认错误。

3. 理解

永不抱怨，学会换位思考。

4. 准备

提供答案而不是问题，且内容需要数据化、图形化、表格化。

（二）与领导沟通的艺术

1. 跟领导沟通要注意得体

与领导沟通，不是难在“有礼”，而是难在“得体”。大多数人对于领导都是比较尊敬的，那么怎样才能得体地与上级沟通呢？主要应注意以下几点：

（1）不媚不俗，不卑不亢　与领导相处首先要做到有礼貌、谦虚，但是绝不要采取“低三下四”的态度。绝大多数有见识的领导，对那种一味奉承、随声附和的人是不会予以重视的；在必要的场合，也不必害怕表达自己的不同观点——只要从工作出发，摆事实、讲道理，领导一般是会予以考虑的。

（2）主动和领导打招呼、交谈　作为下属，积极主动地与领导交谈，能渐渐地消除彼此间可能存在的隔阂，并使自己与上级关系相处得正常、融洽。

（3）尽量适应领导的语言习惯　了解领导的性格、爱好、语言习惯，如有些上司性格爽快、干脆，有些则沉默寡言。

（4）选择适当的时机与领导交谈　根据问题的紧迫性和重要性，选择合适的时机与领导进行沟通。如果不确定领导何时有空，可以通过发消息或口头约定一个具体时间，这样领导就可以提前安排日程，确保沟通的顺利进行。

（5）对交谈内容事先做好充分约定　在谈话时，要尽量将自己所要表达的内容简明、扼要地向领导汇报。如果有事情需要请示，应提前准备两个以上的方案，并能向领导分析各方案的利弊，这样有利于上司做决策。

2. 跟领导沟通要注意分寸

在职场中，作为下属必须设法与领导处理好关系。而处理好关系的主要方法便是“沟通有分寸”——切不可信口开河，贸然出言。否则一语失当，悔之晚矣。

3. 精神饱满地接受领导的指示

和领导之间的关系好坏，取决于工作表现与沟通汇报。工作表现平庸而又不善于沟通，想和上司建立起良好的关系是不可能的。因此，正确地接受领导的指示、命令，是与领导建立起良好的人际关系，获得领导信任的基本条件。在接受指示时要注意：精神饱满，爽快利落；把指示和命令听完，不要轻易打断，清楚地表示自己已经明白指令内容；如果无法接受，要恰当地说明理由，委婉地阐述自己的意见。

4. 把握重点向领导汇报工作

向领导汇报工作，应根据所要汇报的内容和领导的时间安排，既简明扼要，又中心突出地把要汇报的内容有条有理地说出来。这样才便于领导领会你的意图并给予你明确的答复。

（1）突出汇报中心　泛泛而谈、杂乱无章的汇报，显得很肤浅。通常汇报者可将中心工作的情况作为主要内容，抓住工作过程和典型事例加以分析、总结，如此汇报才能充分反映你的工作质量。

（2）不要遗漏重点　汇报工作要讲究一定的逻辑层次，不可“胡子眉毛一把抓”。一般来说，汇报要抓住一条主线，即围绕工作的整体思路和重点工作展开，分点阐述相关工作的推进措施、关键环节、遇到的问题、处置结果、收到的成效等内容。

（三）怎样让领导同意你的观点

当与领导的意见相左时，为了能与领导更好地开展工作，有必要把自己的观点表达出来。但是，如果要与领导进行沟通探讨，让领导同意自己的观点，这就有必要掌握以下的原则和沟通技巧。

1. 看准时机

在向领导提出异议之前，先向其秘书打听一下领导的近期状态。如果他心情不佳，就不该再提要求。即使不求助于领导的秘书，你也可能找其他窍门来把握好时机。例如：领导急务缠身时，不要找他；午饭时间已到，他却仍处于忙乱之中时，不要找他；休假前夕或度假刚返时，不要找他。

2. 心平气和

某心理专家曾说：“如果你气势汹汹，只会使你的领导也大发雷霆，所以首先要做到心平气和。另外，不要把你所有的不满都借机会一股脑儿发泄出来。”某知名公司董事长曾说：“如果一个雇员看上去对公司的一切都消极不满，那领导就会觉得，要叫他满意是难乎其难；甚至认为，他也许该另谋高就。”

3. 说清问题

有些激烈争执的发生，是由于领导和下属双方都不明白对方心里在想些什么。有时，问题一旦讲明，争执也就自然消失。下属必须把自己的观点讲得简单明了，以便领导能够理解。

4. 提出建议

纽约大学医学中心的精神病学副教授诺曼说：“领导要考虑的事情已经够多了，因此，如果你不能提出行之有效的解决办法，至少你也得提出怎样处理问题的建议。”“那些在领导面前只提问题而不提建议的人，很快会发现，他们常会受到领导秘书的阻拦。”“尽管领导可能不会说出你的问题，但你每次去找他，他总是会感到不快。久而久之，你就别想再进去见他了。”

5. 设身处地

“要想成功地与领导交谈，了解他的工作目标和难处极为重要。”“假如你能把自己看作是领导的工作搭档，设身处地替他着想，那么，他也会自然而然地帮你的忙。”商学教授罗伯特曾引述过某电影公司一位程序设计员和他领导进行争辩的故事：为了某个软件的价值问题，双方争执得僵持不下。罗伯特说："我建议他们互换一下角色，以对方的立场再进行争辩。5分钟之后，他们便发现自己的行为有多么可笑。两个人都不禁大笑起来，接着很快找出了解决的办法。"

二、如何与下属沟通

【案例】

设备班的班长孙大军向吴军说："前几天，从汽车上拆下来一块电池，你帮我准备一下。"大约3个小时后，他又问吴军："我之前说过的电池，你准备好了吗？"吴军说："我测过比重，稍微偏低，现在正在充电。""什么？充电？我让你准备一下，没有让你充电呀！这电池是给新员工培训用的，用不着充电。"

点评：这是一个失败的向下沟通的实例。问题出在给下属分配任务时的表达模糊，类似的情况在实际工作中并不鲜见。那么，我们应该如何更有效地与下属进行沟通呢？

（一）对下沟通的四个原则

1. 关心

关心下属，明确下属合理需求，对下属做得好的方面要及时给予肯定；

2. 达成共识

主动询问下属的想法，共同研究策划、寻找解决方案，为下属提供必要支持；

3. 多听

鼓励下属多讲话，了解下属内心真实的想法；

4. 对事不对人

严格按制度办事，坚持公平、公开、公正，不轻易讲人情。

（二）对下沟通的技巧

与下属沟通最大的目的，就是要通过沟通充分调动下属的积极性，使下属的潜力得以最大限度地发挥。

1."伟大"来源于对待小人物上

领导与下属人格上是平等的，职位不同，不等于人格上有贵贱之分。有句话说得很对："伟大来源于对待小人物的态度上"。尊重你的下属，实际上获得的是不断增进的威望。某银行行长每次进单位大门的时候，总要对门卫和收发室的临时工问这问那，表现得很随和，使这些临时工感到十分亲切。和正式工比起来，临时工本来就有自卑感，常常被人看不起。但是银行一把手的做法，大大感动了他们。更重要的是，这些所谓的小事，却大大提高了行长的威望，也成了人们赞誉的话题。

事情往往就是这样奇妙，你越是在下级面前摆架子，让下级服从你这位大领导，就越被下级看不起，认为你是“小人得志”；你越是对“小人物”放下架子，尊重他们，你在他们心中就越显得伟大。

2. 多激励少斥责

每个人的内心都有自己渴望的“评价”，希望别人能了解，并给予赞美。身为领导者，应适时地给予鼓励、慰勉，认可、褒扬下属的某些能力。当下属不能愉快地接受某项工作任务时，领导会说：“当然我知道你很忙，抽不开身，但这事只有你去解决，我对其他人没有把握，思前想后，觉得你才是最佳人选。”这样一来使对方无法拒绝，巧妙地使对方的“不”变成了“是”。

这一表达技巧主要在于对对方某些固有的优点给予适度的褒奖，使对方得到心理上的满足，使其在较为愉快的情绪中接受工作任务。对于下属工作中出现的不足或者是失误，特别要注意不能直言训斥；要同下级共同分析失误的根本原因，找出改进的方法和措施，并鼓励他下次一定会做得更好。要知道，斥责会使下属产生逆反心理，而且很难平复，对以后的工作会带来隐患。

例如，领导带领几个下属去参加保龄球比赛。比赛的时候，下属抛过去的球打倒了七个，作为领导可能会有两种表达。其一：“真厉害，一下就打倒了七个，不简单！”这种激励语言，对方听起来很舒服，其反应是：“下次我一定打得更好！”其二：“真糟糕，怎么还剩三个没有打倒呀！你是怎么搞的？”对方为了缓解领导对自己的压力，就会产生防御思维和想法，其反应是：“我还打倒了七个，要换了你还不如我呢！”两种不同的做法和语言，前者起到激励的作用，后者产生逆反心理，同时产生不同的行为结果。

积极的激励和消极的斥责，对于下属的影响就会是两种不同的结果。更重要的是心理上的影响，这是最根本的东西。

3. 放下架子，站在下属的角度考虑问题

俗话说，“设身处地，将心比心；人同此心，心同此理”。作为领导，在处理许多问题时，都要换位思考。比如说服下属，并非没把道理讲清楚，而是由于领导者未替对方着想。如果换个位置，领导者放下架子，站在被劝说人的位置上瞻前顾后；同时，又把被劝者放在领导的位子上陈说苦衷，抓住被劝说人的关注点，沟通就更容易成功。站在下属的角度，为下属排忧解难，下属就能替领导排忧解难。

4. 领导应该是下属真正的朋友

推心置腹，动之以情，晓之以理。领导者的说服工作，在很大程度上，可以说是情感的征服。只有善于运用情感技巧，以情感人，才能真正打动人心。情感是沟通的桥梁，要想说服别人，必须先架起这座桥梁，才能到达对方的心理堡垒，征服对方。领导者与下属谈话时，要使对方感到领导不抱有任何个人目的，没有丝毫不良企图，而是真心实意地帮助自己，为下属的切身利益着想。这样的沟通方式能让双方的心灵更加接近，进而产生“自己人”或“伙伴”的效应。

情感是交往的纽带。领导若能很好地运用，和下属真心交朋友，使自己成为下属真正的“自己人”，就能成为完成群体目标的主体力量。

5. 语言幽默，轻松诙谐

领导者与下属谈话，语言幽默，轻松诙谐，营造一个和谐的交谈氛围和环境十分重要。上级和下属谈话时，可以适当穿插些俏皮话、笑话、歇后语，从而取得良好的效果。只要使用得当，就能把抽象的道理讲得清楚明白、诙谐风趣，进而产生一种吸引力，使下属愿意和领导交流。

领导的语言艺术，对于下属来说，既是一种享受，也是一种激励，更能够拉近上下级关系的距离。

6. 常与下属谈心，增强凝聚力

有一位厅级干部，在他还是普通职员的时候，一次他的领导（厅级）在路上见到他，和他打招呼、握手并问候他。虽然这是领导不经意的一次举动，但是在他心里产生了莫大的震动。回去后，他心情久久不能平静。他当时认为，这是领导对自己的重视和认可。此后他的工作一直做得很出色，受到单位领导和上级的一致赞扬。如今这位职员升为一个厅级单位的领导，他也经常找下属谈心。谈心的范围很广，谈工作、谈生活、谈个人发展。每次谈话，参与谈话的下属都受到很大的鼓舞。就是这个举动，增强了全员的凝聚力，使整个单位的工作开展得有声有色。经常找下属谈心，可以充分了解下属对单位发展的看法、个人的心态、情绪变化、自身工作的反馈等，有利于更好地开展工作。

每个下属都想得到上级的重视和能力认可，这是一种普遍的心理需要。常常和下属谈谈话，对于形成群体凝聚力，完成任务、目标，有着重要的意义。

7. 当众讲话对下属要有激励作用

领导对于广大群众来说是能力的象征。当众讲话能起到振奋士气、激励下属、统一思想、统一步调的作用；有利于形成一股强大的向心力，使群众以满腔的热情投入工作中去。当众讲话的魅力，会影响下属的士气。在人们心目中，一个真正的领导者，应该是一个获得众人拥护的领导者。领导的才能是在团队业绩中体现的。领导者和下级有效沟通的目的，是最大限度地发挥其潜力，进而提高群体绩效。

三、如何与平级沟通

平级之间的沟通要遵循五项原则，运用五种技巧，把握五个注意事项。

（一）遵循五项原则

1. 用建言代替直言

“直言诚可贵，建言价更高”。建言：建 = 建议；言 = 言论，就是建议的言论，可以口头述说，也可书面呈现。与其直来直去，不如提些有建设性的建议。

2. 提问题代替批评

通常，平级之间遇到问题时，会批评、抱怨对方。批评，意味着指责，会强化对立、激化矛盾。提问题，能把双方的关注点聚焦到问题上，而不是彼此的态度（行为）上。

3. 让对方说出期望

明确对方想要什么，我们能否提供，不轻易承诺，但承诺之后必须做到。对方不一定关注你的利益，但一定关注自己的。

4. 诉求共同的利益

双方是合作双赢的关系，高效持久的关系必须是互惠的，在勇气（敢于表达）和理解（体谅对方）之间取得平衡。

5. 顾及对方的自尊

注意说话方式、语气和场合。不伤对方的面子，理解对方的感受，并能表达出你的理解和诚意。

（二）运用五种技巧

1. 明确对方利益

不能要求对方也能换位思考，必须明确告知对方的利益点所在——事前明确利益、告知规则，切记不能让对方猜测。

2. 加强情感沟通

对平级取得的成绩，要表达赞美，真心为对方高兴。但很多情况下，同事取得了成绩，不是赞美，而是羡慕、嫉妒、恨。做人没有格局，就不可能有愉快地沟通。

3. 提供支持帮助

为同事的工作开展提供支持和帮助。请同事帮忙时，看看自己也能帮对方做点什么，以加快对我们请托之事的回应效率。

4. 主动承担责任

主动担责，短期来看，似乎是要受批评或者惩罚。但长期看来，主动承担责任，会有两点好处：上级会认为你大度有格局，平级会感激你的仗义之举。

5. 优化工作流程

工作中出了问题，主动从过程中找原因，去掉不必要的步骤，明确相互的要求。保证流程的增值性和运行效率。

（三）把握五个注意事项

1. 做好本职，树立标杆

积极做好本职工作，是出于责任，而不是炫耀，也不是故意压倒平级。在工作中，树立标杆（确实容易引起平级猜忌，因此要低调一点），成为平级同事学习的对象，整体工作品质就会不断提升。

2. 积极协作，密切配合

在日常工作中，平级间要积极协作、密切配合、相互帮扶。平级间，大家要有深度沟通，尤其遇到问题时，不能总是表面一团和气。

3. 真诚赞美，及时祝贺

对平级取得的成绩表达真诚的赞美，及时送上你的祝贺。做到这一点，需要有足够的胸怀。

4. 由衷感谢，共享成功

自己取得了成绩，由衷感谢大家的帮助；与大家共享成功（成果），适当把利益让出一些。同时，还要注意帮助在竞争中暂时落后的平级同事，不能有施舍心态。

5. 以心换心，真诚相待

你想让别人怎么样对待你，你就首先怎么样去对待别人。

四、如何跨部门沟通

【案例】

有两位班长分别负责A、B两个工序，李班长负责A工序，张班长负责

B 工序。两道工序必须同时作业。

最近作业效率下降，影响了原定下周一上午十点前生产目标的完成。截至周六，生产任务仍未完成。如果不能按原计划完成生产，下一道工序就会停产。两个班的员工都意识到了这种情况，早会时工段长也叮嘱过。A 工序李班长的班组，原计划周日晚上举办晚会，顺便欢迎新员工。班里的员工愿意加夜班：一来因为津贴多；二来，周日白天有人有事。因此，班组愿意周日加夜班。

B 工序张班长考虑周日白天加班，因为白天效率和质量水平更高。

如果你们是两位班长，该如何协调解决问题？

点评：这是一个很典型的跨部门沟通的案例，张班长和李班长在加班时间上必须达成一致，因为两个班必须同时作业。以张班长为例，他应该如何与李班长沟通呢？

首先，两人见面之后张班长须营造一个良好的沟通氛围："老李，听说你换了新女朋友，这么大的事也不给兄弟们说一声。"

一个幽默的开场，迅速拉近两人之间的距离，营造了一个轻松的沟通氛围。那接下来是主动表达自己的观点，还是先听听李班长的想法？倾听是沟通的基础，因此应该先听对方的意见。

"老李，早会上工段长也吩咐了，这个周日加班看来我们是躲不过了，加班这个时间你们现在是怎么考虑的？"

老李说："我们现在有这么一个情况。我们计划在周日晚上搞一个迎新晚会，我们想着晚会结束后加班，一来加夜班员工津贴多，二来我们班白天有人家里有事。所以我们初步决定加夜班。"

当老李表达完他的想法之后，张班长不能马上否定他，如果这个时候否定他，双方就变成了对立关系。因此，张班长要表示认同，并赞美老李。

"老李，你做事情太有计划性了，我老早就想搞个迎新晚会，一直没计划好时间，这方面真得向你多学习。晚上加班我们没问题，都可以。"

先给老李一颗定心丸，然后再把内心的困惑给老李表达一下。

"只是老李，我就是有点犹豫，你肯定也想过这个问题。我们是周一早上交货，我就担心万一晚上由于效率低任务没完成，周一早上可怎么办啊？完不成任务可能我们俩这个月的奖金又得泡汤了。"

这个问题涉及了老李的自身利益，他肯定得想想。

老李说："我也想过这个问题，但确实我们这边碰到点特殊情况。"

当发现老李对这个问题也有所犹豫时，可以马上提出一个解决方案。

"老李，你看这样行不行？我有个想法，跟你商量一下。我们班也有新员工，我也想给他们办个迎新晚会，要不我们两个班搞一个联谊，一起高兴高兴。我想着要不白天我们把任务完成了，晚上再一起高兴一下。到时候任务也完成了，大家也可以喝点小酒助助兴。你看怎么样？”

老李说：“不行啊，我们班白天有人有事，来不了，人不齐啊。”

这个时候就是帮助老李解决困惑的关键时刻。

“老李，那要不这样，我们班人手足够，到时候我给你调几个人；我们两个班都克服点困难，争取白天把事办了，晚上开开心心聚会。怎么样？”

老李说：“不行啊，忙了一周员工都很辛苦了，好不容易休一天，还是想让大家调整一下，处理一下生活上的事情。”

老李并没有那么容易被张班长说动，这个时候一定要控制好情绪。

“老李，难怪你是优秀班长，时时刻刻都在为员工着想。跟你这一比，我真的差了，格局小了。要不这样，我们周日的上午让员工休息一下，调整一下。吃完午饭下午我们早点开始，以我们白天的工作效率，我估计要不了 8 个小时就能完成，差不多 8 点左右我们就能搞定。完事之后我们再一起搞联谊晚会，到时候大家也放松了，玩得也开心一些。怎么样？”

听到这里，老李就同意了，因为老李的问题张班长都帮他解决了。

从这个案例我们可以看出，跨部门沟通往往会遇到三大障碍：

① 带情绪沟通。跨部门沟通并非简单事，因为每个部门所处的位置不同，有些矛盾在所难免；因此必须控制好自身情绪，不要带着情绪去沟通。

② 说教式沟通。跨部门沟通并非上下级沟通，千万不要采用说教的方式。“老李啊，晚上加班效率低，不安全，白天加班效率和质量都有保证。”倘若你采用这样说教式沟通方式，老李肯定不会接受。因你说的这些道理，老李都知晓；他明知道晚上加班不好，还是选在晚上，是有诸多原因导致的。

③ 轻易否定对方的观点。跨部门沟通时，对方观点和你的不一致是很正常的，我们要尝试着换位思考，搞清楚对方如此想的原因，然后想办法帮他解决问题，而不是简单地否定对方。

最后，我们总结一下跨部门沟通协调技巧，见表 2.4。

表 2.4　沟通协调技巧

1. 做好准备： 确认目的，分析问题 估计对方的反应 事前听取有关人员的意见 选定时间和场所	2. 建立良好的氛围： 舒适的姿势，亲切的态度 诚意和善意 幽默 注意听对方的话
3. 交换意见： 倾听并表示同感，确认误解的内容 不争论，不急于判断 了解整个事情的大意和要点	4. 得出统一意见： 提出协调方案，听取对方的提议 结合对方的方案找出新方案 执行新方案；发挥灵活性

第三章
高效激励

人力资源是企业最重要的资源。在市场竞争日趋激烈的今天，越来越多的企业认识到员工的价值，并意识到拥有一支充满活力、执行力强的员工队伍对于企业的成功至关重要。因此，如何激发员工的工作热情，提高员工的积极性和主动性，已成为企业管理中的一个核心议题。

大量实践表明：激励是激发员工内在动力的有效手段。在企业管理中，调动员工积极性、激发其工作潜能的过程即为激励，这是管理者最为重要的工作。在本章的学习中，我们将先了解何为真正的激励，然后从员工需求出发，了解几个著名的需求理论及其运用。在方法层面，将学习一些常用的激励方法。根据实际情况，可以采用不同的激励方式。最后，学习一个极为有效的员工激励工具——工作关系四阶段处理法。

第一节
激励概述

一、什么是激励

【案例】

傍晚时分，天空中飘着小雨，我在污水处理现场监督仪表液位计的安装。由于液位计联动着泵的开停，所以对安装要求比较严格。安装结束时已经 18 点 50 分了，想起 19 点要去会议室开会，便匆匆赶了过去。

到达会议室时，已是 18:59，王厂长也恰好刚到。我看到他裤腿上的泥巴，想必是刚才去现场查看安装进度了。之后王厂长问大家设备的安装进度、仪表的安装情况以及安装中有什么问题需要解决，还提醒大家雨天注意安全，最后关切地询问大家有没有吃饭。我当时随口说了句："还没呢。"王厂长就问："怎么没吃饭呢！会议时间调整到19:00就是留时间给大家吃饭。"我说："现在这段时间正是厂里仪表安装的高峰期，所以没来得及吃呢！"随后王厂长深情地看了看大家，说："散会吧。"

在回班组的路上，雨似乎没有停下的迹象。休息了一会儿，我准备到厂门口买点吃的，先把肚子填饱。这时调度打来电话，告诉我王厂长已经给我们几个人买了方便面与火腿肠。从调度室回来的路上，拎着手里的食物，内心瞬间涌现出一股暖流，当时自己的一句无意之话，王厂长就记在了心里。再想着这两天王厂长在泥泞之中奔波，给一线员工送泡面，领导对我们的关怀，让我感到自己疲惫的身体一下子又充满了能量——为四分公司建设无私贡献的能量。

点评：案例里面这个员工被激励了，并且激励的效果特别好。通过这个案例我们可以给激励下个定义：激励就是通过有效满足员工的合理需求，激发员工的工作热情和潜能，以达成组织目标的过程。

激励理论的基本思路，是针对人的需要来采取相应的管理措施，以激发动机、引导行为、形成动力。因为人的工作绩效不仅取决于个人能力，还取决于受激励的程度。通常用数学公式表示：工作绩效=*f*(能力×激励)。因此，行为科学中的激励理论和个人的需求理论是紧密结合在一起的。

二、员工激励的七大误区

（一）盲目认为"金钱激励可以解决一切问题"

在现代企业中，采用单纯性的金钱激励未必能收到良好的激励效果。例如，对于那些经常加班的技术员或经常出差的业务员而言，他们往往期望抽出更多的时间陪伴家人或自我放松。物质或金钱的需求只是员工多样化需求中的一种类型，且对多数员工来说，这种需求并非首要的。因此，为了最大限度地激励员工，企业必须深入了解并尊重员工的多样化需求，而不是采取单一的激励方式。

（二）片面认为"企业战略和员工行为的一致性与激励计划无关"

实践表明，企业的发展战略规划或愿景对员工的直接激励作用有限，但企业激励计划是否恰当则会影响员工对企业的认知。企业的激励计划与员工个人的行为及企业的战略发展存在着紧密联系，科学的激励计划有助于保持员工个人发展愿景和企业战略目标的一致性。

实质上，激励计划制定的目的并非仅仅是评估个人绩效，更深远的目的在于促使员工产生良好的企业行为，保持与企业发展战略一致的积极行为，从而推动企业发展目标的顺利实现。从大多数企业激励计划制定的现状来看，存在两个方面的认识误区：其一，认为激励计划首要考虑的因素是确保企业战略发展规划顺利实施，员工的需求应从属于企业发展的宏观目标；其二，认为激励只是满足个人利益的一种有效手段，对企业员工的长远发展没有实质性的影响。

（三）激励方式过于单一

当前的企业在激励方式上存在一个重要误区，即激励方式的单一化和同质化。实际上，企业应将人力资源管理视作一种服务产品。而员工作为产品服务中的顾客群体，其需求、职位、心理态度各不相同，因此应采用差异化的柔性激励方式。目前，很多企业激励形式过于单一，不但导致了激励效果不佳，还造成了物资的重复浪费。

（四）激励方式过于固定

激励过程始终处于动态变化之中，其效果与激励环境、激励频率、员工需求有很大关联，激励环境的变化决定了激励方式也应随之调整。同时，激励需求具有多样性的特征，但目前很多企业往往最容易忽视这一点。

（五）激励方式缺乏层次性

按照马斯洛的需求层次理论，一味采取低层次的激励方式或采用不符合员工心理需求的激励方式，都难以起到有效的激励效果。在现实中，企业管理者在制定激励计划时，很少考虑到不同年龄、岗位、层次等员工的内心需求，最终限制了柔性激励效果的发挥。

（六）激励实施不及时

在现实中，企业习惯将员工的激励固定在某一特定时间实施（如企业年度表彰大会、企业季度绩效核算、企业管理提升月等），但这种集中式的奖励却在时间上严重滞后于员工的期望。激励的不及时，使激励效果大打折扣。

（七）激励强度和弹性度过低

从现实情况来看，企业现行的一些激励方式仍不能有效地激发人才的潜能，更不能较好地凸显管理者的价值。

目前，很多企业都认识到了专业型人才的作用，并竞相提高人才引进的成本。但这种攀比式的激励方式产生的实际效用有限，一方面可能挫伤原来员工的积极性，另一方面引入的人才又会因为别的企业开出更高的薪酬而流失。

三、用投资的眼光做激励

激励不是福利，而是投资。对企业而言，激励是“用有效的资源投入，最大化地调动和激发员工动力，实现绩效产出的最大化”。依此推断，衡量激励效果的优劣，可以从投资角度审视投入产出比。举个形象的例子，如果员工为你产出贡献 1 个亿，你奖励他 100 万元都不算多；但倘若他的贡献仅是 1 元钱，奖励他 8 角钱都是多的！这便是投入产出比。

从老板、员工、主管、人力资源（HR）四个角度，对投入产出概念的理解如图 3.1 所示。

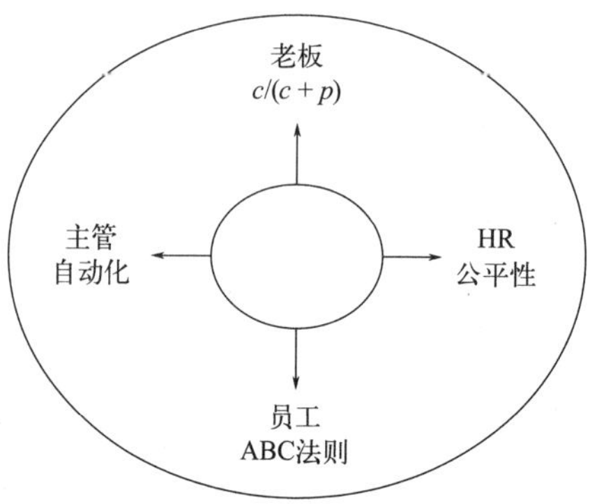

图 3.1　从四个角度看投入产出

（一）老板：$c/(c+p)$

老板最关心的是投入产出比。表现在：一是激励投入（即激励成本）；二是激励产出（能否激发员工动力、产生业绩，让企业利润增长）。总体而言，就是“以最少的投入获取最大化的产出”，这就是 $c/(c+p)$ 原则。

其中：c 为人工成本（包括员工工资、奖金、福利、社保等与人工有关的全部支出，即激励成本）；p 为企业利润（归属于企业的税前净利润）。$c/(c+p)$，即“人工成本 /（人工成本 + 企业利润）”，这个指标显示了企业每赚 1 元利润，所要耗费的人工成本。企业通常会采用这个指标，它是为了满足统计需要而进行的一种平滑处理。一般来说，$c/(c+p)$ 比值越低越好。

【示例】某企业 2017 年营业额是 1 亿元，人工成本为 2000 万元，利润为 2000 万元，那么，这家企业的 $c/(c+p)=2000/(2000+2000)=0.5$。

若：① 2018 年，该企业营业额达到 1.2 亿元，增长率为 20%。人工成本为 2300 万元，利润为 2100 万元，那么 2018 年的 $c/(c+p)$ 比值是：$2300/(2300+2100)=0.52$。这表明 $c/(c+p)$ 在上升，那么此时要留意，利润增长率达到 5%，但人工成本增长率达到 15%，说明企业每单位的人工成本投入的利润产出在减少。

② 2018 年，该企业营业额达到 1.2 亿元，增长率为 20%。人工成本为 2100 万元，利润为 2100 万元，那么 2018 年 $c/(c+p)$ 的比值是：$2100/(2100+2100)=0.5$。$c/(c+p)$ 与 2017 年持平，利润增长率达到 5%，人工成本增长率同样为 5%，说明企业每单位的人工成本投入的利润产出，未发生变化。

③ 2018 年，该企业营业额达到 1.2 亿元，增长率为 20%。人工成本为 2200 万元，利润为 2300 万元，那么 2018 年 $c/(c+p)$ 的比值是：$2200/(2200+2300)=0.49$。$c/(c+p)$ 比 2017 年低，利润增长率达到 15%，人工成本增长率是 10%，说明企业每单位的人工成本投入的利润产出在增加。

可以把每年 $c/(c+p)$ 的比值，画成曲线图（图 3.2）。站在企业角度，如果是曲线 1，要警惕——人工成本快速上升，企业利润正被吞噬；如果是曲线 2，要关注；如果是曲线 3，说明企业处于良性发展，效率和效益在迅速提升。

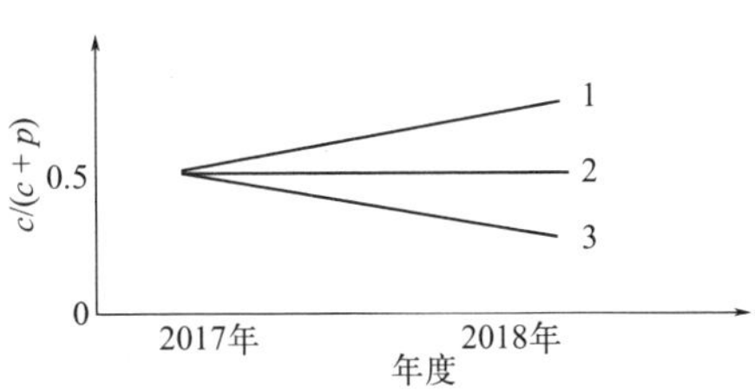

图 3.2　企业 $c/(c+p)$ 年度曲线

站在投资角度，曲线 1 说明，激励的投资回报率在逐年走低；曲线 2 说明，激励的投资回报率没有变化；曲线 3 说明，投资回报率在持续提升。这其实是站在股东角度思考问题，企业经营好与坏，利润是其中的衡量指标之一，但更重要的是看 ROE（投资回报率），拆解为三部分（利润率、资产周转率、财务杠杆率），意味着企业既要“多赚”，又要“快赚”和“巧赚”。企业支付给员工的工资、奖金，其核心逻辑也是一样，不是投入成本，而是用有限的资源投入，创造最大化的产出。

（二）员工：ABC 法则

从员工的视角来看，他们最关心的是自己的工作表现如何被企业认可和评价。他们希望看到“多做与少做”有所区别，“做好与做坏”有所区别，“做与不做”有所区别。表现优秀者应该得到更多的回报，而表现不佳者则应得到较少的奖励。这种评价和激励机制需要明确无误，确保员工能够清晰地理解，即存在明显的区分度，这一机制我们称之为 ABC 法则（图 3.3）。

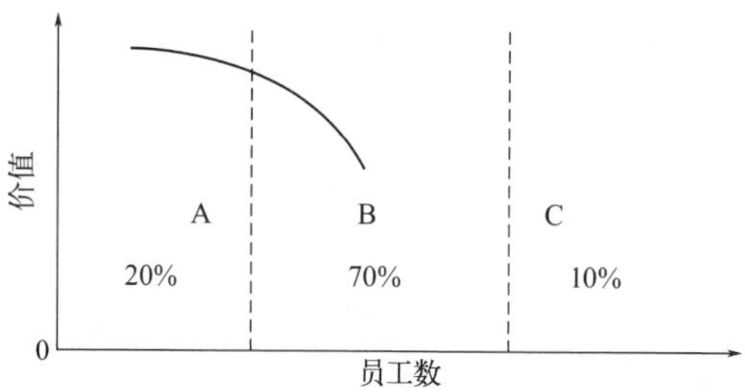

图 3.3　员工 ABC 法则

A 为最优秀的，比例较少；

B 为合格的，比例较多；

C 为最差的，比例较少。

ABC 法则有两层意思：一是价值创造区分，把员工的工作价值区分为 A、B、C；二是价值分配区分，员工的薪酬分配也要区分为 A、B、C。

员工价值创造的区分，国际上也把它叫作“271 法则”：即创造 A 类价值的员工占 20%，B 类价值的员工占 70%，C 类价值的员工占 10%。这是一个相对比例。

员工价值分配的区分，即 A 类员工和 C 类员工的分配，也要有差距。差距有多少呢？要视具体情况而定。一般来说，要在 30% ～ 300%，这是一个经验数值。例如，普通员工年薪 10 万元，表现最差者 5 万元，表现最优者 15 万元，价值分配区分度为 3 倍。如果低于 30%，例如某企业员工平均工资 5000 元 / 月，做得好的员工拿 5500 元，最差的 4500 元，差距 5500−

4500=1000（元）。那么就可能存在“大锅饭”现象，即“干多干少一个样，干好干坏一个样，干与不干一个样”。最后的结果是“劣币逐良币”，“坏人”把“好人”挤跑了。

需要说明的是：区分度并不是越高越好！但是就企业当前的情况来说，不是怕员工得红眼病，而是员工价值区分和价值分配没有拉开差距。曾有一位知名企业家说过：一个优秀员工的价值，顶 10 个普通员工。

这个观点背后的逻辑是什么呢？其实是价值创造方式发生了重大变化，由此导致价值分配拉开了巨大差距。在农耕时代，劳动方式方法落后，生产力低下，人和人之间的差距本质是体力差距。同样是 20 岁的年轻人，体力好的挑 150 斤（1 斤 =0.5 千克），体力差的挑 100 斤，差距比为 1.5∶1。但是到了工业时代，机器替代人工，人和人之间不是拼体力，而是拼脑力、拼智力。这个时候价值创造差距比就不再是 1 倍，而是 10 倍乃至 100 倍的差距。而到了深度竞争时代，不只是拼脑力，还要比拼心力，看谁能坚持到最后时刻，这个时候的差距就是 100 ～ 1000 倍。

（三）主管：自动化

主管最关心的问题是自动化绩效计算。即不依靠过多的主管评价，减少人为干预，通过对工作成果的即时衡量来自动化产出绩效。长期以来，由于存在面子文化和“没有功劳，也有苦劳；没有苦劳，还有疲劳”的思想意识，以及主管自身对评价尺度的把握不同，主管对下属的评价会出现“居中现象”或“胳膊肘往里拐”情况，评价结果往往有失公允，难以服众。基于这样的评价结果所产生的绩效分配，往往备受诟病。

自动化绩效有两层含义：一是信息数据收集自动化。目前很多企业的基层员工工作数据都是自动化收集，例如传送带会把要加工的布样自动传送到每个岗位，每个布样上有一个电子卡片，记录要加工的内容信息。员工拿到布样后，在操作台的电脑显示屏上刷卡，查看操作指令，同时电脑会自动计时。加工完成后，员工再刷卡确认，电脑会计算工件、工时，乘以每个部件的工价，马上计算出加工工资。整个过程数据信息完全自动化，不需要人为操作，保证了数据信息的客观性、及时性、准确性。二是评价操作自动化。例如销售目标达成率，月销售目标 500 万元，实际完成 600 万元，达成率是 120%。数据自动采集，公式自动计算，结果自动产出，不需要人为主观评价。

这两个自动化对企业激励太重要了，为什么呢？前面提到的 $c/(c+p)$ 和 ABC 法则，实际是站在老板员工双方，计算投入产出比。自动化激励是站在操作角度，计算操作成本和投入产出比。如果激励过于复杂，实施激励的成本超过激励收益时，管理就会变成经营的累赘。

例如，某钢铁物流企业对旗下业务模块推行自主经营体绩效模式。由于操作模式流程复杂，涉及的业务运营数据非常多，从提货单据、装车数据、回单数据、回款金额，到业务定价、营收计算、承运成本、费用分摊、资金利息等。为了详细界定各数据定义、来源、收集责任、审核、汇总计算等，公司又出台了相应的制度和文件，再把这些数据归集到各业务经营体。而在业务实际运作过程中，又会出现更改提单、转换场地、承运变化、承运损坏等情况，数据整理与归集更加复杂。公司为了收集整理数据，专门成立了运营管理部，同时匹配 IT 团队开发专门信息系统；为了把工资、奖金计算准确，又成立专项小组，财务部、人力资源部一同介入，但由于数据流没有打通，最终结果数据总是碰不齐、对不上，以至于每月给员工发放工资、奖金经常出错。勉强实施了一年，在年度进行复盘和审计时，大家吃惊地发现：公司收入没有增长，但管理成本大幅上升，毛利和净利润双双下降，虽然员工拿钱多了，但由于总是算错账，员工满意度却大幅下降。在访谈相关的管理部门时，大家苦不堪言。这就是管理过于复杂、过度精细化导致的成本大大超过管理收益，使得管理不但没有促进经营，反而严重影响了经营积极性。

（四）人力资源（HR）：公平性

站在 HR 角度，HR 最关心的问题是公平性。激励方案能够落地实施，并且各部门不会“上门找事”。最好的做法是“一碗水端平”，让各方面都满意。当然这种情况少之又少，但至少可以做到平稳落地，不出意外。

公平性问题主要体现在两个方面：一是过程公平（又称规则公平）。按《中华人民共和国劳动合同法》规定：“用人单位在制定、修改或者决定有关劳动报酬、工作时间、休息休假、劳动安全卫生、保险福利、职工培训、劳动纪律以及劳动定额管理等直接涉及劳动者切身利益的规章制度或者重大事项时，应当经职工代表大会或者全体职工讨论，提出方案和意见，与工会或者职工代表平等协商确定。”动辄修改激励制度，没有依据法定流程，往往埋下纠纷隐患。二是结果公平（又称价值公平）。把回报和贡献做比较，是人之常情。但这个世界上没有绝对的公平，很多人抱怨不公平，其实公平背后的实质就是三个字——“我满意”，即我满意就是公平，我不满意就是不公平。公平是相对的，如果能做到 70% ～ 80% 满意度，就已经很不错了。

第二节
员工需求理论

从激励的定义我们发现，要想激励员工，首先要搞清楚员工的需求。

一、双因素理论

美国的行为科学家弗雷德里克·赫茨伯格（Fredrick Herzberg）提出了双因素理论（图 3.4）。20 世纪 50 年代末期，赫茨伯格和他的助手们在美国匹兹堡地区对 200 名工程师、会计师进行了调查访问。结果发现：使职工感到满意的都是属于工作本身或工作内容方面的；使职工感到不满的，都是属于工作环境或工作关系方面的。他把前者称为“激励因素”，后者称为“保健因素”。

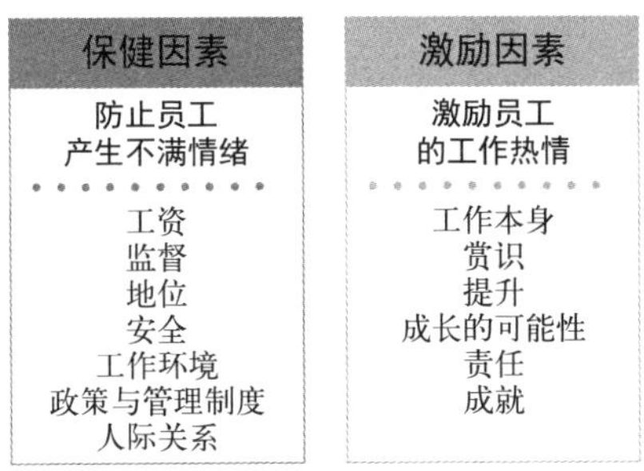

图 3.4　双因素理论

“保健因素”包括公司政策、管理措施、监督、人际关系、物质工作条件、工资、福利等。当这些因素恶化到人们认为可以接受的水平以下时，就会产生对工作的不满意。但是，当人们认为这些因素很好时，它只是消除了不满意，并不会激发积极的态度。这样就形成了某种“既不是满意、又不是不满意”的中性状态。

那些能带来积极态度、满意和激励作用的因素就叫作“激励因素”。这是那些能满足个人自我实现需要的因素，包括成就、赏识、挑战性的工作、增加的工作责任，以及成长和发展的机会。如果这些因素具备了，就能对人们产生更大的激励。

公务员这个职位，离职的并不多，是因为公务员在保健因素方面都得到了满足。但公务员的工作激情和热情并没有那么高，是因为他们在激励因素那一块没有得到满足。所以大家可以审视一下自己的团队，如果离职率很高，可能是保健因素出了问题。如果团队很稳定，但是团队成员的工作积极性不高，那可能是激励因素出了问题。找准员工的真正需求，才可能做好激励。

双因素理论告诉我们，满足各种需要所产生的激励深度和效果是不一样的。物质需求的满足是必要的，没有它会导致不满；但是即使获得满足，它的作用往往是很有限的、不能持久的。要调动人的积极性，不仅要注意物质利益和工作条件等外部因素，更重要的是要注意工作的安排、个人成长与能力提升等；注意对人进行精神鼓励，给予表扬和认可，注意给人以成长、发展、晋升的机会。随着人们物质小康问题的解决，人们对精神小康的需求也越来越迫切。

二、马斯洛需求层次理论

马斯洛把人的需求分为五个层级：生理需要、安全需要、社交需要、尊重需要和自我实现需要（图 3.5、表 3.1）。依次由较低层次到较高层次排列，低层次的需要得到满足之后，才会去追求高一级的需要。越高级的需要得到满足时，被激励的程度就越大。

图 3.5　马斯洛需求层次理论

表 3.1　企业 / 管理者的马斯洛需求

需求层次	企业 / 管理者
自我实现	给予事业成长机会、鼓励创造力、鼓励成就
尊重需要	公布个人成就、赞扬良好表现、给予更大工作责任、经常给予回馈
社会需要	举办社交活动、组织团队
安全需要	营造工作安全感、提供福利、提供安全的工作环境
生理需要	提供公平薪金、提供足够休息时间、提供舒适的工作环境

厂长给员工送泡面的案例，他是满足了员工的什么需要？有人觉得是生理需要，毕竟吃饱了肚子。我想一碗泡面让人吃饱了，不至于如此激动，假设这个泡面不是厂长买的，而是同事给他买的，他会如此激动吗？很明显不会，他之所以激动是因为这个泡面是厂长买的，他感觉自己被尊重了，所以实际上是他的尊重需要被满足了。

越高级的需求被满足，激励的程度就越大。所以我们会发现发工资的激励作用并不大，因为它只是满足了员工基本的生理需要。一碗泡面 5 块钱，它的激励作用远大于给员工多发 100 块钱工资。所以从激励的角度来看，管理者必须想办法满足员工更高层次的需求。

三、ERG 理论

美国耶鲁大学的克雷顿·奥尔德弗（Clayton Alderfer）在马斯洛需要层次理论的基础上，进行了更接近实际的研究，提出了一种新的人本主义需要理论。奥尔德弗认为，人们共存在 3 种核心的需要，即生存（existence）的需要、相互关系（relatedness）的需要和成长发展（growth）的需要，因而这一理论被称为 ERG 理论。

生存的需要与人们基本的物质生存需要有关，它包括马斯洛提出的生理和安全需要。第二种需要是相互关系的需要，即指人们对于保持重要的人际关系的要求。这种社会和地位需要的满足是在与其他需要相互作用中达成的，它们与马斯洛的社会需要和自尊需要分类中的外在部分是相对应的。最后，奥尔德弗把成长发展的需要独立出来，它表示个人谋求发展的内在愿望，包括马斯洛的自尊需要分类中的内在部分和自我实现层次中所包含的特征。

除了用 3 种需要替代了 5 种需要以外，与马斯洛的需要层次理论不同的是，奥尔德弗的 ERG 理论还表明：人在同一时间可能有不止一种需要起作用，如果较高层次需要的满足受到抑制的话，那么人们对较低层次的需要的渴望会变得更加强烈。马斯洛的需要层次是一种刚性的阶梯式上升结构，即认为较低层次的需要必须在较高层次的需要满足之前得到充分的满足，二者具有不可逆性。而相反的是，ERG 理论并不认为各类需要层次是刚性结构。比如说，即使一个人的生存和相互关系需要尚未得到完全满足，他仍然可以为成长发展的需要工作，而且这 3 种需要可以同时起作用。

此外，ERG 理论还提出了一种叫作受挫——回归的思想。马斯洛认为当一个人的某一层次需要尚未得到满足时，他可能会停留在这一需要层次上，直到获得满足为止。相反，ERG 理论则认为，当一个人在某一更高等级的需要层次受挫时，那么作为替代，他的某一较低层次的需要可能会有所增加。

例如，如果一个人社会交往需要得不到满足，可能会增强他对得到更多金钱或更好的工作条件的愿望。与马斯洛需要层次理论相类似的是，ERG 理论认为较低层次的需要满足之后，会引发出对更高层次需要的愿望。不同于需要层次理论的是，ERG 理论认为多种需要可以同时作为激励因素而起作用；并且当满足较高层次需要的企图受挫时，会导致人们向较低层次需要的回归。因此，管理措施应该随着员工的需求结构的变化而作出相应的改变，并根据每个人不同的需求制定出相应的管理策略。

四、从先天需求到后天需求

先天需求是隐藏在潜意识里的，它们是与生俱来的，也是人人都有的，只是每个人在不同时期突显的强弱程度不同。马斯洛需求层次理论就是先天需求。

后天需求（也称为社会性需求）表现在行为态度上，是在成长过程中学习得来的，每个人的成长机遇各自不同，所以这些价值观（对人对事的看法和想法）当然也就人人不同。个人价值观需求见图 3.6。

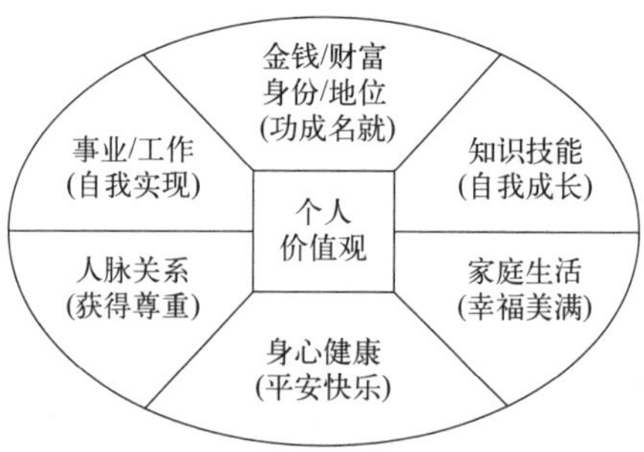

图 3.6　个人价值观需求

所以我们发现，先天需求是共性的，每个人都有；而后天需求是个性的，与个人的成长经历有关。随着人的不断成长，先天需求会逐步转化为后天需求。例如，一个在贫穷家庭成长起来的小孩，对金钱和财富的需求是比较看重的；但是对于一个在家境富裕的家庭成长起来的小孩，可能对金钱和财富的需求就不会那么看重。激励很重要的一个原则，就是既要把握人性的共同点又要关注每一个人的不同需求。

【案例】

一个军人出身的老板，工作标准非常高。这个企业每年都会从学校里面招聘一批大学生进行培养，很多都是名牌大学的毕业生，并且公司给的薪水待遇比行业平均水平要高。但老板发现公司花费人力、物力、财力培养的大学生总是留不住，离职率非常高，并且有的直接跳槽去了竞争对手那里。老板责问人力资源部到底是什么原因。人力资源部设计了调研，将员工的需求进行了罗列，汇总成10条需求，然后让员工来打分排序，员工认为自己最需要的排在第一位，然后依次往后排。然后，再让管理者打分排序，管理者认为下属对各项需求的重视程度进行排序，又得到一个结果，两个结果形成鲜明对比（见表3.2）。

表3.2　上级和下属对各项需求的重视程度

上级认为下属最想获得的	下属最想获得的
1. 好的薪水待遇	1. 口头称赞
2. 工作保障	2. 对事情的参与感
3. 升迁机会	3. 主管体恤的态度
4. 良好的工作条件	4. 工作保障
5. 有趣的工作内容	5. 好的薪水待遇
6. 管理层的支持	6. 有趣的工作内容
7. 完善的训练	7. 升迁机会
8. 口头称赞	8. 管理层的支持
9. 主管体恤的态度	9. 良好的工作条件
10. 对事情的参与感	10. 完善的训练

点评：上级排序情况中，排在第一位的是好的薪水待遇，这是上级认为下属最需要的，这其实是很多管理者的一个误区。对于激励下属这件事，管理者总认为薪水待遇永远是最重要的。但是激励绝不仅仅是钱的事，管理者要从这个误区走出来。下属排序中，最需要的是口头称赞；而口头称赞在上级这边排在了第8位。让我们惊讶的是下属需求1、2、3，在上级那边排在了8、9、10。为什么会有如此大的差异？

通过对众多管理者的调研，从与他们的沟通得知，公司的中层管理者平时和高层管理者开会时，由于高层管理者的标准很高，几乎不会表扬他们，更多的是以批评为主。中层管理者被批评之后回到自己的团队，为了释放压力，对下属也是以批评为主，很少表扬。而这些年轻的大学生，在他们的成长经历中都是被表扬得多，批评得少。特别是名牌大学的学生，过去认为自己是非常优秀的，同时过去受到了很多的表扬和肯定。但是到了公司之后发现自己总是被批评，做什么都做不好。他们不会怀疑自己的能力，他只会认为自己不适合这个企业，不适合这个团队，最终选择离开。

既然员工渴望被表扬，那就应该让管理者主动去表扬自己的下属。于是针对此情况形成了一项制度，管理者每天必须表扬一名自己的下属。结果制度出台后，反对极其强烈。很多管理者认为自己的下属没有什么值得表扬的，确实工作做得也不好。这个时候人力资源才意识到，大家对于表扬的理解还不够。那到底如何表扬下属呢？有以下两个基本原则：

（一）及时（表扬员工的进步和成长）

假设你的标准是80分，员工干到50分，你批评员工没做好；员工接受批评之后，通过努力从50分干到了60分；60分还是没有达到你的标准，你又把员工批评一顿；员工认为努力干到60分还是会被批评，还不如轻松干50分。所以当员工干到60分时，管理者就应该表扬员工，鼓励他继续努力。这样员工才可能从60分干到70分，然后到80分，最终达到你的标准。员工的进步不是一蹴而就的，而是循序渐进的。我们更应表扬的是员工的进步和成长。

（二）具体（表扬员工具体的行为和事例）

很多管理者在表扬下属时喜欢讲空话套话，这样员工不会有感觉，所以表扬下属一定要具体到行为和事例。比方说你今天表扬小张劳保穿戴特别整齐，小张明天会穿得更整齐，这就是表扬的激励作用。

后来管理者坚持每天表扬自己的下属，整个公司的离职率大幅下降。从这个案例可以发现，要想激励好员工，首先要找准员工的需求。因此，激励里面有一句非常重要的话：真正走进下属的内心，了解下属内心的需求，并想办法满足下属内心的需求。（合理需求）

五、基于需求的激励三部曲

每个人的需求是不一样的。年纪大的员工需要稳定，而年轻的员工需要机会和挑战。有的员工把家庭看得很重，有的员工把事业看得很重。所以需求不一样，激励的方法也不一样。激励的源头一定是挖掘需求，总结有一定的方法：留意征兆、追查原因、采取行动（图 3.7）。

图 3.7　激励三部曲

【案例】

白国周出生在河南省宝丰县的一个农民家庭，1987 年因家庭困难而不得不放弃学习来到煤矿当一名矿工。白国周同志在长期的工作实践中，不断探索煤矿安全生产的经验和班组管理方法，创造出了可学可用的模式；不仅保证了白国周班组 22 年的生产安全，而且为煤矿班组建设和煤矿安全生产积累了宝贵经验。白国周本人也因此成为煤矿安全的典范和基层班组长学习的楷模。白国周事迹引起了媒体的高度关注。

白国周在平凡的岗位干出了不平凡的事。白国周为什么这么厉害，我们来看一个关于白国周的小故事。有一天班组开班前会，白国周发现有一个平时表现非常活跃的员工，这天感觉有点萎靡不振，这是一个很明显的征兆。散会之后白国周就把这个员工叫住询问，员工说是因为自己感冒了。白国周就问他吃药没有，员工说吃过药了，感觉比昨天已经好很多了。听说他吃了药，白国周就把这个员工带到了医务室，把他吃的感冒药拿给医生看，看这个感冒药里面有没有会导致人打瞌睡的成分，医生一看果然有。因为下矿井如果打瞌睡是非常危险的，于是白国周果断决定给这名员工调班，这天不要下矿井了。到这似乎就结束了，但白国周没有；他意识到今天我发现这个员工状态不好，那下次我未必能第一时间发现，得想个办法杜绝这种情况的发生。于是白国周把一些常见病症的常用药品都罗列出来，并把药品分成了两类：会导致人打瞌睡的药品和不会导致人打瞌睡的药品。做了一张表格贴在班组的管理看板上，然后对员工进行培训。如果你有以上症状，我建议你吃不会导致人打瞌睡的药；如果因为症状比较严重或者医生的要求必须吃会导致人打瞌睡的药，那就要及时汇报，坚决不能下矿井。

点评：白国周不出安全事故一定有他的道理，他采取的行动不但治标还要治本。这三步里面最关键的就是第一步，留意征兆本质就是对员工需求的挖掘，这也是我们很多管理者最薄弱的一环。我们对于下属出现的一些异常情况太不敏感了。例如，一个表现很好的员工，最近总是犯错，这一定是一个征兆。而我们很多管理者想的却是，这个员工很优秀，偶尔犯点错误可以原谅，并不觉得这是一个征兆。当管理者发现这个征兆之后就可以从各个方面去追查原因，结果发现是因为员工家里有人生了重病，又要照顾病人，又要忙于工作，导致精力分散。原因找到后就可以采取行动了，组织班员对病人家属进行慰问，在排班时尽可能满足员工照顾病人的需求。这就是对这个员工最有效的激励措施。

第三节
常用激励方式

如图 3.8 所示为常用的激励方式。

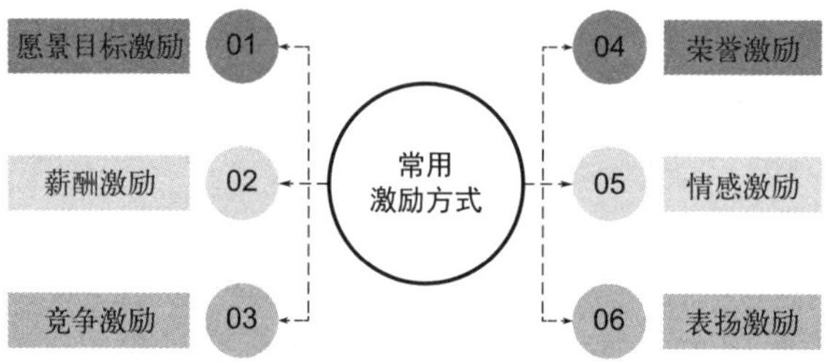

图 3.8 常用的激励方式

一、愿景目标激励

（一）愿景激励，拉着员工一起畅想未来

1. 不是空想，企业愿景“可望也可及”

曾经的沃尔玛公司只是一个微不足道的小零售企业，和同时期的西尔斯公司、彭尼公司和凯马特百货公司并没有可比性，但是那时候的沃尔玛公司定位清晰，并将服务作为重点，提出了“帮顾客节省每一分钱”的宗旨。不管是在物流环节还是在采购环节，不管是在定价上还是在销售上，都努力围绕着这个目标。经过不断的努力，他们终于做大做强，而曾经高高在上的三大零售商，因为没有抓住关键点，没有一个切实可行的“亲民化”的愿景，远远落后于沃尔玛。因此，切实可行的企业愿景拥有巨大的激励作用。

（1）切实可行的企业愿景可以激励人　一个切实可行的企业愿景可以吸引和留住人才。有理想有能力的人认为在这样的企业中，可以在实现企业目标的过程中成就自己的梦想。通过自己的努力，创造一个不一样的企业，他们相信这样的企业是值得他们付出和努力的。

（2）切实可行的企业愿景可以团结人　随着企业的不断发展，员工也会不断增加。这些员工来自五湖四海，有着不同的习惯、不同的文化、不同年纪、不同的思维方式，甚至会有不同的国籍和语言；但是一个切实可行的愿景可以将他们紧紧联系在一起，让他们为同样的目标和理想共同奋斗，将所有员工团结为一个共同体。

（3）切实可行的企业愿景可以明确方向　切实可行的愿景是一个企业的灯塔，尤其是在企业困难的时候，一个清晰可行的愿景可以为企业提供动力；让员工忘掉暂时的困难而着眼于未来，帮助企业渡过眼前的难关。

企业愿景只有立足于企业现实，仔细分析未来的可能变化，这样做出的愿景才能够为企业带来生机和活力。企业愿景要努力执行，围绕企业愿景制定出企业各个阶段的目标和计划，在一步步实现目标的过程中完成企业愿景。

2. 将企业愿景与核心价值观深入到员工心中

企业愿景对公司发展起着至关重要的指导作用。但如何将这种指导作用落到实处，始终是企业管理者需要深思的问题。无论企业愿景和价值观多么贴近实际，如果它们不能触及每个员工的心灵，不能激发员工的内在动力，那么这些愿景和价值观最终只会流于形式，成为空洞的口号。

企业愿景要扎根于员工的心里，要将员工的个人愿望与企业愿景合二为一、融为一体。某知名公司的高层管理者在制定企业愿景时提出："个人生涯计划与海尔事业规划要统一。"一个企业在实现总体目标之前要将员工的个人成长与企业的未来规划统一起来。某知名集团的企业愿景就有这样的三句话——"员工富、企业强、社会贡献大"。这个愿景完美地将员工的个人愿望、企业发展和社会使命融合在一起了，引起了员工的强烈共鸣，并将这种共鸣转化为强大的工作热情。

一个好的企业愿景能够激发出员工的热情和主动性，能形成强大的凝聚力和向心力，但是如何将企业愿景植入每个员工的内心呢？与员工的有效沟通是关键。

在提倡"以人为本"的今天，员工是一个企业的宝贵财富，是一个企业的发展之源和动力之源。一个企业价值的产生都来源于员工的努力工作。作为企业的管理者，最重要的任务就是要为员工营造好的工作环境，给员工工作的动力，给员工美好愿景，让全体员工为了一个共同的目标去奋斗。只有将企业愿景通过沟通清晰地传达给员工，才能让他们对公司的未来有更深刻的认识。

管理者要充分运用沟通手段，将公司的愿景分享出去，让员工工作起来有激情活力。下面给大家分享一个“驴拉磨”的故事。

人想要让驴拉磨干活，无非是通过以下三种方式：一种是鞭打；一种是将驴的眼睛蒙上；还有一种是在驴的眼前吊一根胡萝卜。上面的三种方式其实也对应了企业日常管理中的激励方式，鞭打就是处罚制度，蒙住驴的眼睛就是以蒙蔽的方式获得效果，而那头驴子眼前的胡萝卜则是一个企业的愿景和未来。鞭打和蒙眼虽然也能刺激驴子努力工作，但是只有那根“胡萝卜”才能使员工发自内心地行动，全力以赴地工作。

共同的愿景和价值观让员工牢牢地聚在一起，朝着同一个方向和目标前进，将员工的个人目标和企业的未来发展结合在一起，实现双赢。企业的愿景和核心价值观通过沟通和恰当的制度建设深入员工内心，如变为操作准则、变为服务标准、变为产品要求，才能让员工在实际的工作中领悟它、认可它、为之奋斗，激发企业的活力和生机，最终实现企业和员工的共同愿景。

3. 把“饼”画大，员工所得也将变大

“画饼”这个词猛一听是一个虚无缥缈的东西，似乎带有一定的欺骗性。但是一个好的管理者要会“画饼”，善于“画饼”。管理者要经常给员工描绘公司的美好未来，以及未来公司的发展会给员工带来什么样的好处。

“画饼”其实就是一种员工激励手段。在一个企业中，领导给员工“画饼”，上级给下级“画饼”，饼画得好、画得大，可以帮助公司度过困难时期，可以激发员工的无穷动力。

“画饼”要和“水涨船高”连在一起。管理者要在“画饼”的时候，将企业的未来描绘得光明且伟大；还要告诉员工届时公司会给他们什么样的待遇以及职位，这就叫作“水涨船高”。

在合理的范围之内，不要介意把饼画大。只有饼越大，公司的未来才越美好，员工分到手的饼才会越多，对于员工的刺激就会越大。当公司的未来利益牵扯到员工的个人利益时，他们才会迸发出前所未有的工作热情，努力把饼做成，让梦实现。

当然，虽说“画饼”能够激励员工，但是“画饼”也要遵循一定的原则和技巧，否则“画饼”不但起不到激励作用，反而会使员工丧失对公司的信心。

（1）要让员工偶尔尝尝“饼”味　有很多企业的管理者一味地沉迷于“画饼”之中。单纯地认为只要把饼画得又大又美，就可以激励员工不停地工作，不停地为企业创造价值，所以他们就一直“埋头苦画”，至于什么时候让员工们尝尝饼味，他们从未考虑过。久而久之员工们内心就会迟疑，他们为了公司的"饼"努力工作，可最终连个饼渣都没看见，时间一长员工们必然会对公司丧失信心，甚至跳槽离开。一家只靠谎言的公司绝不能凝聚人心。正确的做法是管理者要不时地拿出一小块"饼"分给员工，可以是奖金，也可以是福利；总之不时让员工尝尝甜头，这样员工的激情才不会熄，信心才不会失。

（2）告诉员工怎么做才能拿到"饼"　管理者画完饼之后，还要告诉员工如何拿到这些饼。针对企业目标为每个员工制订工作计划，帮助他们明确工作内容，让他们知道在某个时间段要做什么并达到什么目标，这样员工才有了努力的方向。每个员工的小目标的达成会促使整个公司大目标的达成，员工的"小饼"最终会汇聚成企业的"大饼"。

（3）"画饼"要持续而渐进　管理者决不能只画一次饼，而是要不断地"画饼"。在不断"画饼"的过程中，要具体描绘每个饼的"味道""形状"，而且画的饼要呈现出递增的趋势，饼要越画越大。要让员工明白自己越努力工作，得到饼的层次就越高。这样员工才会拼尽全力地工作，以期获得那个更大的饼。

综上所述，企业管理者要会"画饼"。虽说饼越大越好，但一定要在合理且能实现的范围之内。否则"饼"就只是纸上的"饼"，永远出不了"锅"。

（二）目标激励，看得见的"利益"

1. 将目标与员工利益挂钩

目标是一个企业设定的未来工作成效，对员工能够形成一定的心理引力。很多企业将目标的设定和一定的物质奖励相结合，进一步增大实现目标激励的效果。企业设置合适的目标和奖励能够激发员工的内在动力，促使员工积极主动地达成目标。

建立目标与员工利益的关联，使员工时刻关心目标的完成情况；进而提高员工的积极性，增加团队的凝聚力和向心力，提高团队的战斗力。比较常见的目标与利益相结合的激励手段就是销售提成。企业一般都会规定，只要员工能够达到什么样的销售额，就能得到什么样的物质奖励。这就是将目标与员工的个人利益紧紧绑在一起，以员工的实际利益来促进目标的完成。

【案例】

一家酒楼，管理混乱，业绩很差。员工的工作总是敷衍了事，只要不是自己分内的事绝不做。例如，有客人问传菜员怎样取餐具，传菜员拒不理睬，最多说一句“去问服务员”。这样的服务态度导致生意自然越来越差，甚至到了“关门”的边缘。为了扭转这一局面，老板专门聘请了一个管理人才来经营酒楼。这家酒楼有这样一个新规定，只要一家门店的日营业额达到规定的金额，门店内的全体员工都能拿到50元的奖励。在这样的目标加奖励的刺激下，所有员工都变得积极主动，不管是不是自己的工作，只要力所能及的都尽力完成。上到经理下到保洁员，所有人都很关注目标完成情况。所有人为了同一个目标而努力工作，酒楼的业绩自然就能越来越好了。经过两年的发展，该酒楼在全国已经有了多家分店，业绩突出。

点评：案例中管理人才的秘诀就是运用了企业目标与员工个人利益挂钩的方式进行管理。企业目标与员工个人利益相结合的方式能够调动员工的积极性，对于目标的完成具有积极的促进作用，但是为了将作用发挥到最大，应该坚持一定的原则。

（1）严格目标考核，及时兑现奖励　一旦涉及员工的利益就要慎之又慎，就要严格标准；否则不仅激励的效果达不到，还会引起员工的不满。因此首先要严格目标考核。对于目标的制定一定要明确，员工的工作成绩要经过严格的考核，达到标准的方能获得奖励，达不到标准绝不兑现奖励。管理者不能优亲厚友，不能搞亲疏差别；其次要及时兑现奖励，满足员工对个人利益的诉求。员工经过考核达到目标标准，一定要按照事先讲明的奖励进行兑现，如果拖延或者不兑现，那么以后的目标激励对员工将没有任何效果。

（2）制定的目标合理　企业在制定目标时，可以参照以前的工作情况，以及员工的个人能力，或者直接让员工参与目标的制定中来，制定出合理的目标；再为目标配备合适的奖励，发挥出最大的激励作用。另外企业在制定目标时可以适当地提高目标，这样可以给予员工适当的压力。因为有压力才会有动力，有动力才会提升能力，当然这个高目标也要在合理的区间内。太高的目标会让员工望尘莫及，失去追求的动力；而过低的目标又无法激起员工的欲望，也不利于企业目标的达成。

2. 高目标 +“我觉得你能做到”

目标的制定是一门技术，也是一门学问。在制定目标前要充分了解本公司的状况、团队的工作效率以及员工的个人能力。只有在了解的基础上才能保证制定出合适的目标，才能保证目标的激励性。

目标的合理性是第一位的。但是在合理的范围内，制定较高的目标给员工增加压力，反而会收到不错的效果。比如一个人可以挑 100 斤，如果我们给他布置了 60 斤的任务，他就会很轻松，久而久之，他会丧失挑 100 斤的能力；而如果我们给他布置 110 斤的担子，并鼓励他，在他完成后可以渐渐加码，最终他很可能会拥有挑200斤的能力。所以一个合理的高目标很重要，但是高的目标会给员工比较大的压力，很容易让员工退却。不过这时候管理者的用心鼓励，比如“以你的能力完全可以胜任，我相信你可以做到”这样的话语，就可以让员工勇于尝试，逐渐提高自己的能力。

合理的高目标加上鼓励的话语之所以能产生良好的效果，是因为这样的组合会让员工感觉自己的能力得到了领导的肯定，而且领导对于自己有很高的期待，在这样的刺激下员工自然而然会竭尽全力去完成目标。

高目标加鼓励话语的方式想要取得好的效果，还要注意以下两点：

（1）切记目标不能过高　只有合理的高目标才会产生激励作用，离谱的高目标会让员工们丧失信心。企业可能都有一个宏伟的目标，但不要一下将目标制定到位，那样可能会“吓坏”员工；可以将目标一步步往上提高，逐渐达到最初设定的高目标。

（2）给予相应的奖励，促进目标的达成　人的本性是避重就轻。如何让员工勇于挑战高目标，除了积极地鼓励外，还应该设立相当的奖励；将目标与奖励结合起来，激发出员工的勇气和动力，最终促成高目标的顺利完成。

3. 将目标公示，制造无形的压力

企业制定的目标就是全体员工努力的方向，是全体员工全力以赴要达到的目的。一旦企业的目标制定出来就要大力宣传，将目标公开。如果企业目标制定了却只有少数的几个管理者知道，而不让全体员工知道，那么就不能转化为员工的行动力，不能将企业目标转化为个人目标；不给每个员工压力的话，那么目标的制定就失去了意义。

目标的公开要选择多种方法。尽可能让目标深入员工内心，给员工造成一定的压力，有了压力才有向前的动力。公开可以选择以正式文件的方式下发各个部门，让每个员工看到，正式文件确定的目标会更正式，更有权威。也可以用培训会的方式公开，培训讲师将会对目标分析得更加详细，让员工有更清晰的认识和理解；培训会参加的人员多，还可以形成交流的氛围，将目标扩散得更快。此外，还可以让各个部门的管理者一对一、一对几个员工面对面宣传。这个方式的最大好处是管理者可以把自己的理解加入目标中，由于同属一个部门，对目标的理解更能产生共鸣，也更能形成统一的意见。

【案例】

有这样一家公司，其中的生产部为了使目标深入人心，让员工感受到一定的压力，在每个月初生产目标制定出来之后，都会把目标放在员工必经之路的一块标示倒计时的大屏幕上。这块屏幕的数据实时更新，这块大屏幕就像一把宝剑悬在每个人的心里，无时无刻不在提醒每个员工，这个月的目标还剩多少，自己的目标还剩多少，时刻催促着他们全力以赴地工作。这个举措的效果出奇的好，每个月都能完成生产量，甚至超过计划数，成为业内的传奇。于是乎越来越多的公司开始效仿这样的做法，也都收到了不错的效果，这就是公开目标给员工制造压力的效果。

点评：目标的公开想要取得好的效果，必须遵循一定的原则，掌握一定的方法，否则效果不明显，甚至起到反作用。

（1）公开的目标要尽量细化、量化　上面案例中的大屏幕之所以取得了如此好的效果，一个重要原因就是公司公开的目标是数字化的。大屏幕上的数字对于员工的激励作用最为明显，所以公开的目标要转变为具体化的数量。不要只是告诉员工我们今年要比去年做得更好，要超过去年的销量，要做龙头企业，这样的目标员工是不会印象深刻的；必须把这些目标具体到销量是多少，销售额是多少等类似的数据，甚至可以细化到每个员工每天应该完成多少任务。只有这样的目标才会给员工压力，这样的目标公开才能收到好的效果。

（2）目标的公开还要把握合适的时机　目标的公开要根据实际情况选择公开的时机，不是越早公布越好，也不是越迟越好。比如，一家公司根据公司的发展能力，制定了一个目标，即年底超越另一家同行企业的市场占有率，但在大部分员工看来这是不可能的。因为两家企业还有不小的差距，这时不适合公布目标，这样起不到激励的作用；而是分割目标，在目标逐步有望达成的时候公开目标，才能够激发员工更大的能量。

二、薪酬激励

（一）薪酬结构的设计

所谓薪酬结构，就是企业中不同岗位、不同职位之间薪酬水平的比例关系。它可以反映一个企业对于不同岗位和能力的重视程度。科学合理的薪酬结构不但能够节省企业成本，还可以有效地激励员工。一方面肯定和鼓励成绩突出的员工，另一方面可以促使业绩差的员工努力工作，进而提升整个团队的工作效率，提高企业的竞争力。但现实中很多企业都缺少科学合理的薪酬结构，导致企业的竞争力不强。

1. 不合理的薪酬结构

（1）考核系统不合理　薪酬结构的设计以科学的考核体系为基础。只有保证对员工的考核结果公平、公正、公开，才能设计出合理的薪酬结构。

比如，有些企业的考核过程不公开，导致一些溜须拍马者和关系户走上了管理岗位；有的企业不能合理地运用考核结果，流于形式，考核没有与员工个人能力和工作成绩挂钩。

（2）激励结构不合理　薪酬制度的一个重要作用就是激励员工，而不合理的薪酬结构却实现不了这样的功能。比如，很多企业在设计薪酬时，过分强调“平均性”，导致员工之间的工资差异很小；绝对的平均是对成绩优异者的不公平，也很难留住人才。

不合理的薪酬结构设计起不到激励员工的作用，还会阻碍企业的正常发展。不合理的薪酬结构会损害企业形象，阻碍企业员工形成共同的价值观，影响企业的凝聚力；不合理的薪酬结构伤害员工的工作积极性，进而造成人才的流失；不合理的薪酬结构还影响人事部门的威信，因为薪酬制度是人事部门制定的，不合理的薪酬制度势必造成其他员工对人事部门的不满。

2. 薪酬结构分类

（1）高弹性薪酬模式　这种模式重在激励员工，所以绩效薪酬是该结构的重要组成部分；而基本薪酬处于比较次要的位置，所占的比例比较低，一般适用于销售人员中。

（2）高稳定性薪酬模式　这种模式重在稳定性，所以基本薪酬是最重要的组成部分，而绩效部分所占比例较低，一般适用于企业刚起步阶段或者技术岗位。

（3）调和型薪酬模式　该模式既有稳定性又有激励性，基本工资和绩效工资都占有一定的比例，一般适用于企业的管理岗位。

3. 薪酬结构的设计遵守规则

（1）不同层级员工的薪酬结构设计原则　基层员工：基本薪酬应该占据较大的比例，绩效工资比例次之。在基层员工的收入中，短期薪酬一般占据绝大部分；中层管理者：基本薪酬的比例有所下降，变动工资比例提高，而且整个薪酬中短期薪酬的比例下降，但仍然是主力；高级管理者：基本薪酬的比例是最低的，绩效工资比例最高，短期薪酬所占比例要低于长远薪酬的比例。

（2）长、短期薪酬的考虑因素　从行业因素来看，一般在新兴行业、高科技行业中，比如互联网公司、电商公司等，长期薪酬占据着重要的位置，所占的比例较高；在一些传统行业中，比如传统的制造业，短期的薪酬所占的比例就相对较高。

企业处于不同发展阶段，薪酬结构也相应改变。比如在企业的发展初期，一般采用高稳定性薪酬结构。因为此时公司的业务不稳定，高稳定性可以留住人才。而在企业市场相对固定后，就要实行高弹性的薪酬制度，这时可以激励员工开拓更多业务。

（二）制定薪资上调机制，让员工有盼头

员工工作的最基本目的就是获得报酬。员工对于薪酬增长的欲望是非常强烈的，所以企业要结合企业的发展状况和员工的现有收入水平，参考行业水平，建立一套随企业发展、社会发展和行业发展而上调的薪酬增长机制；让员工对于未来有盼头有信心，才能激发员工的积极性和主动性，才能留住员工，才能促进企业发展。

很多企业错误地认为员工处于基层岗位，是用付出的劳动来换取报酬；既然一开始就确定了薪酬标准，就代表着双方的认可，所以没必要上调员工的工资。这样的公司往往难以留住人才，因为他们忽略了员工作为企业利润的直接制造者，他的劳动关乎企业的发展。激发员工的工作热情，保护员工的工作积极性至关重要。因此，制定员工的薪酬上调机制是十分重要的一个环节。

员工的薪酬增长一般包含两个方面的增长：一方面，当企业经过一定时间的发展，经济效益提高，或者企业所在地区的经济发展后，人民的普遍收入都有所提高，此时企业就要根据实际情况来增加员工的基本工资；另一方面是绩效工资的增加，企业为了调动员工的积极性，提高员工的绩效薪酬水平。

企业的薪酬上调制度一般包含两种调整方法。

1. 个人调整法：个人调整法一般指年限调整法。所谓年限调整法，就是根据员工在企业的工作年限，给予不同程度的奖励或工资增长。比如，公司规定：员工在企业工作的年限在 1 ～ 3 年的，每月享受年限工资 100 元；工作年限在 4 ～ 6 年的，每月享受年限工资 300 元；工作年限在 7 ～ 9 年的，每月享受年限工资 500 元，以此类推。这个工资上调方案的最大好处在于留住员工，让员工看到忠诚度的价值。

2. 整体调整法：所谓整体调整法是根据企业的发展状况、社会物价水平或者行业的薪酬水平变化等，合理地上调企业全体员工的工资水平。一般包含以下三种计算方法。

（1）综合平衡法　本年度薪资基数 = 上年度薪资基数 $\times(1+A)\times(1+a\%)\times(1+b\%)\times(1+c\%)$

式中，A 为工效挂钩比例，反映企业经济效益 KPI 等综合指标变动比率；a 为报告期对于基期国民收入 GDP 增长，使用 GDP 增长率；b 为报告期对于基期的物价指数，使用消费品价格指数 CPI；c 为行业工资增长线。

（2）紧跟指标法　确定当期一个或两个经济指标进行跟踪，譬如消费品价格指数 CPI 或 GDP 增长率，确定工资增长比例。

（3）固定增长法　确定一个基本增长比例，譬如 8%（目前已经有不少国有企业是这样做的）核定每年的工资总额。

（三）加薪是门技术活

加薪是员工最渴望的事情，也是对员工和团队成绩的肯定。加薪对于一个员工来说意味着收入的长期增加，这能够极大地鼓舞士气，提高员工的工作效率和对企业的忠诚度。

加薪一方面增加了员工的收入，但另一方面却增加了企业的支出。过多的加薪会增加企业成本，还会造成员工对企业形成过高的期望，加薪过少又起不到激励员工的作用。所以，加薪不是简单地增加员工工资就可以的，一定要遵守一定的规则。

1. 找准加薪对象

加薪可以是针对一个员工、一个团队，也可以是针对一个企业的全体员工。无论是哪一种加薪，都要找准对象，给员工一个合理的理由，让加薪成为理所当然的事，避免引起其他员工的不满。比如，企业为了刺激销量，公开做出承诺：只要哪个销售团队完成销售目标，就可以给团队的所有员工每人加薪 500 元。当有一个团队实现目标后，公司兑现了承诺，为员工加薪。这种事前说明的加薪，就让其他员工有了理所当然的感觉。

2. 保证公平性

中国有句古话“不患寡而患不均”。加薪是件比较敏感的事，一定要做到公平公正，否则加薪会好心办坏事。拒绝平均主义，体现差异，对于职位高、贡献大的员工，要重点考虑他们的涨薪问题，有差异性才能保证公平性。比如，企业在一次重大的招投标中获得大胜，为了鼓励员工，决定给参与的员工涨薪，其中在本次招标中贡献最大的两个人涨幅最大。这样就体现了差异性和公平性。

3. 要注意加薪的时机

加薪对于员工虽然是件好事，但企业不能无故加薪。一定要选择合适的时机，给加薪一个合理的理由。

（1）加薪可以选在公司困难时期　加薪的激励作用巨大，企业可以选择在公司困难时期给员工加薪。困难时期的企业人心不稳，人人都在为公司的未来感到担忧。如果此时给员工加薪，可以起到稳定军心、增强员工信心的作用，让员工有渡过难关的决心。同时，企业此举可以令员工齐心，为公司克服困难提供动力。此时的加薪应是全员涨薪，只有让所有员工都得到好处，才能激发企业自上而下的活力。

（2）加薪可以选择在团队完成任务时　当一个团队经过努力，出色地完成工作时，该团队是最需要肯定和鼓励的。选择此时给团队成员加薪，一方面肯定了团队的成绩，鼓励他们继续努力工作；另一方面也让其他员工看到公司的态度，只要努力工作就会得到回报。

（3）加薪选择个人业绩突出时　企业员工的能力不同，努力程度不同，工作的完成程度也会完全不同。对于工作出色的员工，除了一般的激励措施外，还可以选择在此时给该员工涨薪，以肯定他的努力。

三、竞争激励

（一）引导员工间的良性竞争

人与人之间经常会存在竞争关系。而作为同一企业同一部门的员工，竞争的氛围更加浓烈。员工间的竞争分为恶性竞争和良性竞争。作为企业的管理者，一个重要作用就是制止员工间的恶性竞争，引导员工间形成良性的竞争环境。

员工的能力难免存在差异。当一个员工羡慕别人的能力时，就会主动学习和努力工作，不断激励自己超越他人，这样一来就会给其他员工造成压力。这种主动进取的员工通过自身的努力，极力缩短与其他员工的差距，这就是员工间的良性竞争。这种竞争的好处是不断刺激员工提升自身能力，掌握越来越多的技能，形成一种你追我赶的工作氛围；进而提升整个公司的工作效率，使企业不断发展。

当前我国很多企业都存在着效率低下的问题，员工执行力不强，消极怠工，应付工作。这种现象的出现主要是企业缺乏良性竞争所致。鉴于此，作为企业管理者要想方设法将竞争机制引进企业，只有竞争才能促进员工的工作热情，才能保证企业的活力和生机。

企业的竞争形式多种多样，既有常规的竞争，如平时的销售竞争、产量竞争；也有非常规的竞争，如特定岗位的竞聘上岗、每月的“安全之星”竞争、优秀员工的竞争等；还有就是组织一些专业性的竞赛，如业务技能竞赛、专业知识竞赛等。企业可以根据自己的实际情况开展不同类型、不同形式的竞争，促使公司形成良性竞争环境。

想要企业形成良好的竞争氛围，必须防止不正当竞争。这就需要把握一定的原则：

1. 良好的竞争环境有赖于公正的评价体系

公正的评价体系从员工的实际情况出发，只看重员工的能力和业绩，不会根据员工与领导的亲疏关系或者个别领导的好恶来评价员工。这样对员工最初的评价才会客观和公正，才会激励其他员工向这些优秀员工学习，形成一种“比学赶帮超”的氛围。

2. 良好的竞争有赖于畅通的沟通渠道

很多误会或者不好的风气，都是因为沟通不畅造成的。也有一些居心不良的员工利用沟通不畅的漏洞，进行一些背后打小报告，恶意揭发的小动作，这些都造成了公司风气的败坏。良好且畅通的沟通环境能够使员工之间、员工与领导之间及时沟通和交流，及时发现问题并解决问题。也有利于先进事迹、优秀传统的正向传播，使员工看到先进典型，学习先进典型；进而改进自身的工作方法，提高工作效率，提升整个团队的行动能力。

另外，为了培养技能型人才，公司可以经常性地轮岗；安排员工到自己不熟悉的岗位上工作，从而让员工学习到新的知识，接受新的经验，再度激发员工的竞争本能。

良好的竞争机制是企业强大的激励手段。良性的竞争可以激发员工的积极性，提升整个团队的工作效率，进而为企业发展注入新的活力。

（二）竞争模式多样化

企业内部形成竞争氛围的好处显而易见，一方面提高了员工的积极性和能动性，使每个员工的能力得到提升；另一方面提高了整个团队乃至企业的工作效率，助力企业又快又好地达成目标。

企业内部竞争的形成必须有良好的制度作为保证。公平公正的制度才能保证员工的利益不受损害，以及员工的付出得到相应的回报，如此才能保证竞争的良性发展；还要有形式各异的竞争模式，这也是促进良好竞争机制形成的关键因素。良好的竞争环境需要企业设置不同的竞争形式对员工加以引导，激起员工的好胜心。

通过企业实践的检验，以下几种竞争模式在一定程度上可以帮助企业快速形成竞争机制：

1. 业绩竞争

业绩竞争是公司最常用的一种竞争激励方式，竞争目标较为明确。通常是公司销售部门针对本部门员工开展的一种竞赛，主要就是比拼销售量。这样的业绩竞争能极大地激励员工，激发员工的工作积极性，促进团队目标的达成。

某销售型企业为了激励员工、增加销量，引入了一种竞争方式，在办公区设置大屏幕，管理者会将每个员工的销售额实时显示在大屏幕上，实时更新。不管是在工作时还是休息时，员工都能看到自己与他人的差距。就这样，无形的压力时刻督促着员工努力工作，超越他人。

2. 岗位竞争

晋升制度是公司的一项重要激励手段，也是一种刺激员工竞争的模式。不管是职位晋升还是薪酬晋升，名额都是有限的。一旦出现多人争取一个机会的情况，竞争自然就会形成。如果这时加以引导，必然会形成一种良性竞争。

某家公司空缺了一个主管的位置，部门中有四个人基本具备任职资格。为了得到这个职位，几个人明争暗斗，甚至用上了一些不正当手段。于是管理者开始介入，提出由经理暂代主管职位，并规定了半年的考察期，谁的业绩最好，谁就将出任主管的职务。经过半年的努力，四个人的能力都得到了很大的提高且不相上下。于是公司决定将四人都升为主管，分任不同部门。这样的竞争不仅提升了部门业绩，还为公司培养了四个人才。

3. 技能竞赛

公司可以不定期组织各种各样的竞赛，可以是与工作相关的技能比赛或者业务比赛，比如酒店就可以组织员工进行服务技能比赛、客房管理技能比赛等；也可以组织与工作关联度较低的比赛，比如知识竞赛、书法比赛等，这些比赛都能够激起员工的竞争意识。

4. 特色竞争小组

为了培养员工的团队意识和竞争意识，很多企业都开展了各种类型的小组竞赛。这种竞赛的最大好处在于既培养了员工的协作意识，又让员工在合作的过程中充分感受竞争氛围，激发员工的好胜心。在现实生活中，各种辩论大赛就是小组竞争的最好模板。辩论小组通常由几个人组成，分工明确，高效协作，明确谁负责找资料、谁负责梳理本方论点和论据、谁负责研究对手观点、谁负责把控全局，最终以团队名义取胜。企业可以借鉴这样的模式，在企业内部运用这种形式，以销量、产量等为目标开展竞赛。

四、荣誉激励

（一）荣誉是一剂精神养料

荣誉是对一个人优秀表现的称赞，也是对个人或团体的崇高评价，能够满足人们的自尊，激发出人们的成就感和自豪感。所以对表现突出的员工和团队进行荣誉奖励，能够极大满足员工对于自我肯定的需求，激发出员工强大的自豪感，促进工作的快速推进。

当获得荣誉时，员工增强了信心，提高了对公司的满意度。员工体会到了自我价值，进而迸发出强大的能量。许多企业从员工的这一需求出发，满足员工的各种荣誉需求，从而达到激励员工的最佳效果。

1. 企业进行荣誉激励时要注意一些原则

（1）荣誉激励需在公开场合　员工若是获得荣誉，大多希望被人知晓。在公开场合表彰员工，既满足了员工的这种心理，又能给其他员工树立一个学习的榜样。所以，在公开场合给予员工荣誉，能够激发全体员工的积极性和主动性。

（2）不要吝啬头衔和名号　作为企业的管理者不要吝啬一些头衔、名号，因为这些头衔和名号不仅不会增加企业成本，反而能增强员工对于企业的认同感和归属感，从而激发员工的热情。比如可以授予员工“某某技能第一人”“某某技能标兵”的称号，还可以授予员工一些管理上的头衔，比如“某某团队负责人”的称号。

2. 荣誉激励的具体方式有多种

（1）开展员工评比活动　企业在一个特定时期或者年终时，可以开展优秀员工的评比活动，评选出各方面的优秀员工。但企业开展的这类活动，评选的项目往往较少、形式比较单一。公司不妨多设置一些单项荣誉，比如进步员工、产量最高员工、业绩最好员工、客户最满意员工等，体现的是员工只要在某一个方面突出就能获得表彰的理念。

（2）借助荣誉墙、企业年鉴来激励员工　员工的先进事迹越得到广泛宣传，对员工的激励作用就越大。企业可以利用荣誉墙、企业年鉴，还可以印制一些精美的台历，将优秀员工的事迹和照片放在上面。让其他员工看到公司对待荣誉的态度，激发出员工的最大动力。

（二）头衔的设立

管理学中有一种头衔效应。其含义是一旦给予某个人一项头衔后，无论该头衔是否拥有实权、是否为虚名，被授予者往往都会努力提升自己，以适应这个头衔的要求。头衔往往能够激发员工的正能量，刺激员工积极努力工作。这种头衔效应为什么会产生呢？主要是源于以下两个原因：

1. 满足了人们的虚荣心

在中国，头衔常常被视为个人晋升的象征。哪怕这个头衔只是一个没有实权的名誉职位，也足以让人感到自豪和满足。因为这种头衔满足了人们的虚荣心，使人在潜意识中感觉比别人优秀，地位提高了。这种现象与中国传统的官本位思想有关，中国传统观念认为头衔是身份的象征、地位的体现。一般来说，被授予头衔的人能够达到头衔的要求，而且在虚荣心的驱使下，会更加努力工作去符合这个头衔。所以说，头衔满足了一个人的虚荣心，而虚荣心又推动一个人向前发展。

2. 头衔使人产生一种使命感

头衔赋予一个人强大的使命感。而使命感是一个人自觉主动工作的最强大动力，人会努力提升自己来适应这个头衔。对于一个企业来说，头衔总是有限的，人一旦被授予一个头衔，除了自豪感外就是强烈的使命感，在以后的工作中会更加严格要求自己，使自己对得起这个头衔，否则就是失职，就是失信。

另外，头衔的暗示作用和指向作用，也是产生头衔效应的原因之一。头衔的激励作用巨大，企业要在日常管理中，多授予员工头衔；不要局限于传统的头衔，比如主管、经理等，而是可以创新地设置头衔，比如带头人、某某第一人等。这些新型的头衔虽然没有实权，但是依然是对员工能力和工作的一种认可，依然能够起到激励作用。

（三）以员工名字命名

以个人的名字为某个事物或者成果命名，从古至今一直存在。比如古代的蔡伦造纸术、孔明灯、鲁班锯等。而这种方式在近现代的科学界更是屡见不鲜，比如著名的诺贝尔奖就是以科学家诺贝尔的名字命名的，以及大家熟悉的牛顿定律等，这些都是对杰出人物特殊贡献的最佳表彰。

这种以人名命名的方法也被应用到了企业管理中。企业为了表彰员工在某个方面做出的贡献，比如创新工作方法、升级技术、研发某种产品，会将该工作成果用员工的名字命名，以这种方式肯定员工的工作，鼓励员工继续创造更大的成绩。

大庆油田采油四厂的赵福冬，一直是个默默无闻的一线工人。但后来成为整个油田家喻户晓的“明星”，只因他在工作中不断摸索，总结经验，研发出了一种新型调整平衡块的工具，油田决定大力推广这种方法，并将该工具命名为“福冬扳手”。

用员工的名字命名是一项至高的荣誉，有可能会流传后世。所以这种方式对于员工的激励作用巨大，既鼓舞了做出成绩的员工，又刺激了其他员工；激励他们向榜样学习，激发他们的创新意识，增强工作主动性，进而形成良好的工作氛围。为将这种命名方式的激励作用最大化，企业可采用如下方法：

1. 建立相关的机制

对于什么样的工作成果应该获得命名权，对于工作成果如何评定、如何审核，需建立一套规范的制度和评定标准。还可以成立专门的评定委员会，负责员工成果的申请、评定、奖励。另外，企业应该积极挖掘这样的技术革新和研究成果，及时进行表彰。海尔集团的张瑞敏一次下车间视察，发现一名员工的绕线技术非常特别，而且绕线的速度是其他人的几倍，于是就将这种绕线技术以这位员工的名字命名并进行推广，很好地激励了员工的工作热情。从这个事例中可以看到，及时发现有工作成果的员工的重要性。如果公司已经建立相关的开放式成果申报机制，就更为完善。

2. 及时宣传

在赋予员工成果命名权后，要通过员工大会、公司内部网络系统或者广播、墙报等形式，将此事传播出去。这样，既增加了员工的满足感，又能够激励其他员工。另外，宣传之后还要及时推广。被命名的技术或成果必定是先进的，所以及时推广能够提高其他员工的工作效率，促进企业的发展。

3. 给予相应的奖励

虽然用员工的名字命名对于个人来说是一项巨大的荣誉，但是在现实管理中还是要搭配上相应的奖励。比如给予一定的奖金或者其他物质奖励，保证为企业作出贡献的员工在精神和物质上都得到满足，如此便能扩大激励的效果。

（四）授予荣誉的形式多样化

在授予荣誉的方式上，企业可以进行创新，不一定非要按照传统的方式来。在企业管理水平高度发展的今天，授予荣誉的形式也是越来越丰富。大致有以下几种方式：

1. 传统型的授予方式

（1）内部颁发证书或奖杯　这种授予方式可以与大会表彰结合使用，也可以单独使用。一般针对企业中较为普通的荣誉，比如“优秀党员”等。这种方式的影响范围较小，但相应的成本较低，而且发放的证书和奖杯还能作为纪念品被珍藏。

（2）大会表彰　员工大会上进行荣誉授予是一种比较传统的方式，一直沿用至今，因为它有其独特优势。通常会召开全体员工大会或部分员工会议，在会上当着其他员工的面授予荣誉。这种方式最大的好处是让获得荣誉的员工获得极大的心理满足，产生自豪感；让其他员工真切地看到榜样，进而起到激励作用。

2. 新颖的授予方式

（1）公司荣誉墙或内部纪念册　可以将有贡献或者工作突出的员工展示在公司荣誉墙上，或者将员工事迹制作成纪念册和台历，发放到每位员工的手中；这种授予方式可以将员工的事迹传播开来，形成良好的激励效果。比如，某公司专门建立了一间荣誉室，命名为“名人堂”。将工作出色或对公司有重大贡献的员工照片和事迹陈列于荣誉室中，因此该公司员工都将进入“名人堂”当成事业追求的最高荣誉。

（2）公司网站首页展示　现代公司都有自己的网站，有的公司还有自己的内部办公系统。公司可以将获得荣誉的员工在官网首页直接展示，可以是图文结合（图片配上事迹）的形式，也可以是制作成小视频的方式，供其他员工学习。这种方式的好处在于可以将员工的优秀事迹宣传得十分全面，让其他员工更能了解获得荣誉的具体情况。

（3）其他方式　授予员工荣誉的方式多种多样，没有固定模式。只要能达到激励其他员工、满足员工心理需求即可。

（五）注重仪式感

在《小王子》一书中，有过这样一段描写：

小王子在驯养狐狸后的第二天又去看望它。

“你每天最好在相同的时间来”狐狸说。“比如说，你下午四点钟来，那么从三点钟起，我就开始感到幸福。时间越临近，我就越感到幸福。到了四点钟的时候，我就会坐立不安，我就会发现幸福的代价。但是，如果你随便什么时候来，我就不知道在什么时候该准备好我的心情……应当有一定的仪式。”

“仪式是什么？”小王子问道。

“这也是一种早已被人忘却了的事。”狐狸说，“它就是使某一天与其他日子不同，使某一时刻与其他时刻不同。”

通过仪式带来的仪式感，往往能让人产生一种强烈的自我暗示。人需要仪式感，其中一个原因，就是需要某种自我暗示。暗示自己要更认真、更专注，做出改变。管理员工也一定要注重仪式感。

企业不注重仪式感，主要源于以下几点原因：

1. 企业管理者的不重视

很多企业管理者认为荣誉很重要，一定要授予员工；但至于怎么授予、采用什么形式，是直接给还是公开给，区别并不大。其实这一想法大错特错——仪式感体现的是对荣誉的重视、对员工的尊重。当授予员工荣誉时敷衍了事，给员工传达的信号就是“这样的荣誉不重要，可有可无”；一旦让员工形成了这样的认识，那么荣誉带来的激励作用将大打折扣。

2. 员工对于荣誉的不重视

当下不少人大多看重物质奖励而轻视荣誉奖励，总是盯着奖金和福利，内心缺乏强烈的荣誉感，对荣誉的兴趣不浓。

荣誉需要隆重的仪式感，绝不能草率行事，越隆重的授予方式越能够激励他人。平安保险公司有着优良的传统，对于荣誉非常重视。每当要举行表彰大会的时候，公司不仅会将全体员工都召集起来，安排最高级的场地；还会在授予荣誉开始前，特设一个“红毯时间”；邀请获得荣誉的员工从红毯上依次走过，而其他员工则分列两边；用这种特殊的方式让其他员工见证他们的荣光，从而增强了这个活动的仪式感。

针对企业不重视仪式感的现象，企业首先要提升管理者自身的认知。使管理者理解仪式感的重要性与必要性，只有管理者提高认识，才能带动全体员工重视仪式感；其次企业要培养员工的仪式感，为每次的表彰举行隆重的仪式。在形式上重视，才能引起员工们心理上的重视，久而久之将仪式感植入员工的内心。企业也可以在每次授予荣誉时增加一些小环节，营造这样的仪式感。比如在获得荣誉后，模仿好莱坞，让每位获奖员工印下一个手印，公司将这些手印陈列于公司显眼的位置。

仪式感是荣誉的内在气质。如果荣誉缺少了这种气质也就失去了灵魂，失去了吸引力，从而失去了激励作用。所以企业要给荣誉一个隆重的仪式，需向优秀员工致以由衷的赞美，需要给其他员工树立一个神圣的榜样。

五、情感激励

（一）“家人理念”增进员工的归属感

所谓归属感，是指员工在一个企业工作一段时间后，在思想上、心理上、情感上对企业产生的信任感、认同感、公平感、安全感、价值感和成就感等，这些因素综合在一起便构成了员工的归属感。归属感的形成并非一朝一夕，而是一个复杂的过程；然而归属感一旦形成，将会使员工产生自我约束力和强烈的责任感；进而调动员工的积极性和主动性，最终产生积极的效果。

某企业在日常管理中有一个特色，在基层员工中建立了一个叫“family”

的团队组织。每周都会召开员工交流会，会议形式多样，可以是一起去郊游，可以是一起去聚餐，也可以是坐在一起聊聊天。通过这样的方式增进员工之间、员工与领导之间的交流，而且对于集体事务，也是通过这样的组织宣传和商议。正是有了这样的一个员工组织，这家企业的员工们就像家人一样亲切，像爱自己家一样爱着这个企业。

如何增进员工的归属感是所有企业关注的问题，其中“家人理念”的强化是增强员工归属感的一个极好方式。强化“家人理念”可以从以下几方面着手：

1.“家人”就要沟通

家人就要经常沟通，只有通过沟通才能增进感情。企业亦是如此，作为管理者要经常和员工谈心，彼此交换想法。在沟通中，管理者可以及时发现并化解员工的问题；而员工可以从管理者的谈话中，感受到管理者的关心，还可以从管理者那里学习工作经验。杰克·韦尔奇有一句名言：“沟通、沟通、再沟通。”沟通能使员工之间、员工与企业之间形成一种互信、开放的交流氛围，从而增强员工的归属感。

2.“家人”就要利益共享

家人是共同生活、共享利益与责任的伙伴。同样，企业在不同的成长阶段，应与员工共享利润，让员工能够实际感受到企业发展的成果。对于条件成熟的企业，可以通过股权激励的方式，将股份分配给员工，将员工的个人利益与企业的长远利益紧密绑定，以此加强利益共享和责任共担的企业文化。

3.“家人”就要强化员工的管理参与度

企业是员工的家，提高员工的管理参与度，能够增强员工的主人翁意识，让员工全身心投入工作中来。企业可以建立相关的民主制度，在制定决策时，可以召开员工会议，充分听取员工的意见和建议，并在作出任何决策后，及时向员工公示，让员工了解并以合适的方式参与到公司管理中来，增强员工的责任感，培养员工的归属感。

（二）了解员工的境况与需要

企业员工是直接的价值创造者和利益贡献者。关怀员工的生活，了解员工的需求是保证员工忠诚度的基础。只有充分了解，并根据员工的状况加以改善，使员工的生活和工作状态得到全方位的提升，才能激发员工的工作热情，为企业创造更多的经济利益。

员工分布于企业的各个环节，想要了解员工的真实状况，必须采取一定的方式方法：

1. 真诚沟通

沟通是拉近人与人之间距离的最直接方式。管理者需要加强与员工的沟通，通过沟通了解员工的真实状况和需求。沟通的方式很多，可以是管理者与员工面对面、一对一地谈话；也可以在工作时或者闲暇之余，采用自然的聊天方式，与员工拉拉家常，在闲谈中了解员工的生活和工作状态；还可通过团队会议的形式，由管理者定期组织员工会议，在会议上了解员工对公司的想法；对于不方便在会上说的，也可以通过书信的方式，或者通过第三方转述以及自身的观察了解员工的境况和需求。

2. 制度保证

想要了解员工的真实想法并非一件容易的事，很多时候员工会有所顾虑，并未说出自己的真心话；这时就需要公司建立相关的制度予以保证，用制度营造一个公开公正的环境，打消员工的顾虑。除此之外，人事部门应该建立完善的员工信息分析系统，通过员工的日常工作和行为，了解员工的心态和需求。

3. 改善员工的境况

只有员工心情好、家庭和睦，才能将全部精力投入工作中来。比如通过了解，发现员工因为一件小事和其他员工产生矛盾，导致心情很差，此时管理者就可以通过调解来化解两人的矛盾；比如发现员工的家里有人生病，领导除了表示关心外，还可以前去看望。

4. 满足员工的合理需求

员工需求的种类繁多，有的希望自己的工资增加、奖金增多；有的希望提高自身的能力，得到学习的机会；有的有上进心，希望得到升迁。针对员工的合理需求，企业要积极发现并及时满足，以增加员工的忠诚度；否则，若员工诉求长时间得不到满足，就会对企业不满，甚至会离开公司。比如说员工想要增加工资，作为管理者就要为其分析其现状，并告诉他增加收入的具体途径，鼓励他通过自己的努力提升薪酬待遇。如果员工希望提升自己的能力，需要学习机会，对于这样的需求要予以赞赏，并帮助员工向企业申请学习机会。

了解员工的境况和需求是获得员工信任、增加员工对公司满意度的前提，要帮助员工解决现有问题，满足员工的合理诉求，因为成就员工的同时也是在成就企业自身。

（三）关爱员工的家庭

一个和睦平安的家庭是员工工作的动力，也是员工努力工作的原因之一。员工工作是为了给家人创造更好的生活条件。如果一个员工的家庭正处于困难时期，那么他会无心工作；管理者要注意这一点，要时不时地关心一下员工的家庭，相信这比关心员工本人更能让他感动，激励效果也会更好。

家乐福超市有个传统，在每年员工子女开学前，都会组织一场员工子女首次入学动员会，届时会邀请所有入学的孩子及家长来参加。动员会上除了歌舞表演外，还有一个亲子互动环节，主办方专门对孩子进行孝心教育，在这个环节让孩子充分理解爸爸妈妈的付出。最后还会给每个孩子赠送一套学习用具，祝福他们在学校里取得好成绩。这是家乐福超市企业文化中“关心员工”的真实体现，也是家乐福企业能够持续发展的一个重要原因。

企业采取怎样的措施来体现关爱员工的家庭是管理者要思考的问题，以下几种可供参考：

1. 定期组织家庭活动

很多企业都会选择一天作为企业的家庭活动日。在这一天会邀请所有的员工及家人参加活动，这种方式不仅加强了员工之间的交流，还能让员工的家人更了解企业、更认同企业，更能支持自己的家人在这样的企业上班。

某煤炭开采企业面临着人员流动率高的问题，不仅增加了企业的培训成本，还影响了开采效率。公司经过走访调查发现，员工之所以不能长时间留在公司，主要是因为员工家人担心会出现危险。了解到这一情况的管理者，提出要举办家庭参观会，邀请员工的家属来体验一天开采生活。通过体验，家属们看到了企业完善的安全保障措施，看到了员工良好的生活环境，家属们纷纷认可了这份工作，这之后员工的流动率便大大降低了。

2. 及时解决家庭困难

员工家庭经常会遇到各种各样的问题，比如家人生病、生活困难等，一旦这些问题不能及时解决，就会影响到员工的工作热情，进而影响工作效率。如果在员工最需要帮助时，企业伸出了援助之手，将大幅提升员工的忠诚度。

某氧化铝企业的员工小张，工作努力踏实，是团队中的技术骨干。最近他很忧虑，因为他的妈妈突发脑出血住院了。由于手术和住院的花销很大，小张整天心不在焉。经理看出了小张的精神状态不对，经仔细询问后了解到了这一情况；随后找人帮小张妈妈转到了一家更好的医院，并组织公司员工为其募集了一笔钱。小张从此工作更加努力，一直供职于这家公司。

3. 着眼细节，体现关怀

细节方能体现企业对于员工的关怀。企业可以在每个员工过生日时送上一份小礼物，还可以为员工入学的孩子送上一套文具。

关爱员工家庭的方法众多，管理者应该根据实际情况采用多样的关爱方法，通过这些方法让员工的家人也融入企业之中。

（四）关爱员工从细节入手

优秀的将领都有一个共同的特点，即格外关心士兵的衣食住行，关注士兵的家人，从细节上打动麾下将士。同样的道理，作为企业的管理者也应该关心自己员工的生活和情绪；如此便能使领导与员工间保持良好的关系，激励团队的士气。聪明的管理者明白通过细微之处向员工传递关心的重要性，细节上的关心能够赢得员工的好感和信任，能够提升管理者的个人魅力。

对员工表达关心可以体现出一个领导的品质，能够反映出领导对员工的重视程度。

细节决定成败，关爱员工应从细节着手。而管理者只有做好细节，才能够成就大事。具体来说，管理者应该从以下几点做起：

1. 记住员工的生日，及时送去祝福

生日对于每个人都意义非凡。在员工生日的当天，作为管理者若能够送去祝福，甚至为其办一个简单的生日会，会给员工带来家一般的温暖；深深感动员工，激励员工更努力地工作。另外，在其他的节日送上祝福也能达到较好的效果。比如在儿童节为员工的小孩送一份小礼物等，都是对员工的关心。

2. 关心员工的健康

关心员工的健康并不仅仅是组织员工体检等，还能体现在平时的一些细节上。比如，当看到员工咳嗽时，可以及时问一句“你是不是感冒了”；当员工精神不振时，可以问一句“是不是昨天没睡好，一定要注意休息啊”；在员工生病后，要及时去探望。生病往往是一个人最脆弱的时候，及时的探望会让员工记忆深刻。

3. 关心员工的休闲

适当的休闲是为了更好地工作，作为管理者应当关心员工的休闲问题。企业可以为员工专门规划并打造舒适的休闲空间，并在员工工作压力大的时候，提醒一句“小张，工作是做不完的，去打会儿乒乓球放松一下，回来说不定问题就解决了”。这一句细心的提醒，将胜过千万句鼓舞的话。

4. 关心员工的个人问题

现代企业中存在着大量的大龄未婚青年，公司可以为他们举办一场年轻人的联谊会，还可以单独为某个人介绍合适的朋友，这会让员工感到温暖。

此外，可以关心的细节还有很多，比如关心员工的用餐问题，合理安排食堂菜单，使菜品涵盖南北菜、酸辣甜口、米面主食等，让员工能够随意找到自己喜欢吃的。另外，对于员工家人的关心也是细节的体现。

企业只有温暖了员工的心，才能留住员工的人。从小事做起，从细节上关爱员工，从细微之处传递企业的关心，才能更容易留住员工的心。

六、表扬激励

（一）对工作出色的人给予表扬

表扬是激励员工的一个重要手段。心理学家威廉·詹姆士说过："人类本性最深的企图之一是期望被人赞美和尊重。"企业员工都希望得到领导的认可，都希望自己的努力得到表扬；而领导一句普通的表扬，也能给员工带来难以想象的力量，这就是表扬的激励作用。

工作成绩突出之人自然应该得到领导的表扬。表扬是一种肯定，也是员工继续努力的动力。但是现实中，有很多管理者是结果主义者，他们对于成绩出色的员工固然不吝表扬；但是对那些付出了努力，工作结果却不那么突出的员工，往往不予关注。其实这样的员工也应该得到领导的表扬。

可以想象，工作中最糟糕的遭遇莫过于付出了努力，即便取得了一定成绩，但是没有得到别人的认可和肯定。作为企业管理者应该不吝赞赏，对工作出色的员工要及时给予表扬；这样既可以激励员工本人，又可以提升团队士气，提高公司业绩。表扬员工不光要不吝啬赞美，还要掌握表扬的方式方法：

1. 避免私下表扬

表扬本身除了肯定被表扬员工外，还要起到激励其他员工的作用。表扬是对员工出色成绩的赞美和肯定，如果当着其他员工的面进行表扬，一方面会放大肯定和赞美的效果，会让受表扬者获得更大的满足；另一方面是当着其他员工的面表扬先进，就是要树立一个榜样，激励其他员工在以后的工作中要向该员工学习。

2. 表扬要及时

有的领导喜欢将员工的成绩累积起来，然后在一个正式场合进行表扬。领导认为正式场合激励效果更好，殊不知这一做法违背了表扬的及时性原则。员工对于表扬的期待具有时效性，一旦过了这个时间，员工对于表扬的渴望就不会那么强烈，激励的效果将大打折扣。在员工做出优异表现后，管理者要及时表扬，哪怕只是一句肯定的话，都会收到良好的效果。

小张最近很郁闷，作为公司车间的技术员，他在上个月发现了机床上的一个问题，并及时进行了修正。也正是由于他的及时发现，才为公司避免了上百万的损失。换而言之，小张为公司做出了上百万的贡献，但是已经过去了很多天，领导对于这件事情没有任何表示。小张有些埋怨公司，甚至对公司失去了信心，准备离开公司。小张将辞职的想法告诉经理之后，经理感到十分惊讶，并说自己正准备在月底召开的员工大会上公开表扬小张。但此时得知这个消息，小张已经不那么开心了，心中的委屈也并没有消失。

可见，对于成绩出色员工的及时表扬是多么重要！一旦错过了最佳时间，即使后来表扬了员工，效果也会大打折扣，甚至会让员工产生负面情绪。

（二）有效赞美的技巧

赞美是一种激励手段，也是一种领导方法。要讲究策略和技巧，如果不掌握这些技巧，赞美往往会起到反效果。有效地赞美要掌握三个技巧：

1. 把握时机，不前不后正当时

赞美如同一种激励资源，一定要用得恰到好处。当员工刚刚取得工作成效，或者员工的工作状态正处于最佳状态时赞美最好，过早的赞美或者迟到的赞美都达不到激励的效果。

许多管理者明白赞美要及时的原则，但是在实际工作中，却把握不住时机。如果员工刚刚在工作中做出一点点成绩，就频繁赞美，这很容易让员工产生自满情绪，影响员工的再进步；但如果员工工作很努力，也取得了不错的成绩，但是管理者却迟迟不赞美，这会使员工泄气，丧失工作热情。

赞美要把握合适的时机，当员工的工作状态还没有达到最佳时，要稍微等一等、适当引导，促使其尽快达到最佳状态；当员工的最佳状态到来后，要及时赞美，让其最佳状态保持得久一点。这就需要管理者细心观察，耐心沟通，充分了解员工的工作状态和需求，及时发现赞美的最佳时机。

2. 找对方式，让员工感受到尊重

在什么场合、用什么样的方式赞美员工是有讲究的，但是管理者往往忽略这个问题，赞美过于随意，效果也不尽如人意。

首先，要选择合适的场合赞美员工。一般要选择工作场合，而不要在非正式场合赞美。有的领导在工作场合从不赞美员工，反而在一些非正式场合，比如酒会、舞会等场合，说上一两句“好话”，员工根本感受不到赞美，更体会不到被尊重。另外管理者要知道，当有第三者在场，尤其是与公司有业务往来的客户在场的时候，赞美员工将会放大激励效果。

其次，要选择合适的方式。有的赞美适合公开场合，有的则适合将员工叫到自己的办公室，悄悄地赞美。赞美是一件严肃的事情，正如你在训斥一个人时从不嬉笑一样，赞美员工时需要正视员工，从而使员工感受到尊重。

3. 赞美要说到对方的心里去

如果说有的管理者不会赞美是因为不会把握时机，不会选择场合和方式的话；那么有的领导不会赞美就是因为其“不会说话”，说不到员工的心坎上。

有的管理者赞美员工时，总是用一些笼统的话语，比如“你工作很努力”“你表现得不错”等，这些会给员工一种不是真心赞美的印象。管理者在赞美时一定要针对每个员工的突出点，要表扬他的过人之处。比如“你的这个方案做得太棒了”“你的这个方法解了公司的燃眉之急”等，这样的赞美才会被员工所接受。赞美时必须真心实意，不要让员工觉得你的赞美很敷衍；要让员工感受到被尊重，这样的赞美才会起到激励的作用。

第四节 工作关系四阶段处理法

工作关系四阶段处理法是指管理者通过与员工建立良好人际关系，预防和处理人际或心理问题的技能。当员工发生人际或心理上的问题时，管理者能够冷静地分析，合情合理地解决。通过帮助员工解决问题，改善与员工的关系，进而起到激励员工的作用。

一、员工需求与工作目标之间的矛盾

我们来简单分析一下工作要求和个人需求之间的矛盾（图 3.9）。

比如：如果一个人的核心需求是金钱，其所面临的工作要求是增加产量，每天需要加班，由于加班工作收入会提升。这个时候，他的个人需求和工作要求就吻合了。如果一个人的核心需求是家庭幸福美满，此时若工作要求需要他每天加班，那么这个时候他的个人需求和工作要求就会产生矛盾。

从某种意义上说，人就是为了满足自身需求而工作。如果工作本身能够满足个人需求，那么它就会是一份令人满意的好工作。管理者有义务在

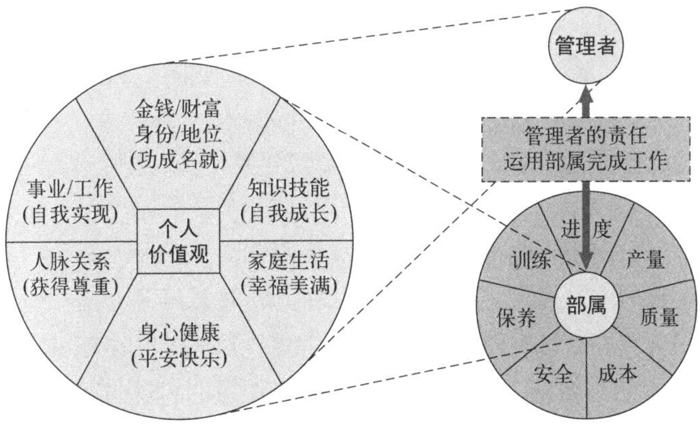

图 3.9　工作要求和个人需求之间的矛盾关系

自身的职权范围和管辖的工作场所内，尽力为下属创造驱动和满足其合理需求的工作环境与条件。有能力将工作要求和个人需求结合起来的管理者，能够成功掌握行为动力的驱动杠杆。能做到这一点，必能成为出类拔萃的精英管理者。然而，个人需求和工作要求很多时候是存在矛盾的，管理者要激励下属，本质上就要解决这些矛盾。

二、员工的心理自卫机制行为以及问题发生的四种类型

当人们试图通过达成工作目标以满足自身的需求时，常会遇到一些障碍、矛盾、冲突或威胁。

这些障碍、矛盾、冲突或威胁，有的来自外部客观事物、人性、物性的“事与愿违”，也有来自自己内心的，例如：当两种以上无法同时满足的需求形成对立时，所引起的心理矛盾或角色冲突。

当这些障碍、矛盾、冲突或威胁出现时，人们首先想到的就是要排除掉或克服这些障碍。这种自我保护、排除阻碍行为和态度的强烈程度，取决于个人自我成就的企图心、修养和所谓的 EQ（情绪指数）。

然而，当这种自我控制、自我调整的能力或努力达到极限的时候，人们就会变得焦急，甚至会出现一些反常的行为，这种行为称为“心理自卫机转”。

常见的心理自卫机制行为有以下几种：

① 合理化行为：找借口、说谎为自己辩护、把责任推给别人；

② 消极性（内延性）的攻击行为：无意义闲逛、频繁擅自离开工作岗位、拒绝他人的协助；

③ 积极性（外延性）的攻击行动：顶撞、故意找茬、贬低、讽刺、乱

发脾气、摔东西、打人；

④ 退化行为：像小孩一样要赖皮、哭泣、吵闹、能力退化（过去能做到的事情，现在做不到）、失去理智、六神无主；

⑤ 放弃或逃避行为：自暴自弃、失去信心、放弃努力、不在乎别人的赞赏和责备、自我封闭；

⑥ 替代行为：降低标准、另起炉灶、辞职。

一旦员工出现“心理自卫机制”行为，那就意味着问题产生了。所以持续关注下属的心理自卫机制行为，能够帮助管理者快速察觉下属即将出现的问题，有助于防患于未然。这些问题可以分为四种类型：

① 预想到：当前暂无问题，但根据过去的经验，如果置之不理，未来可能会出问题。例如：新员工入职初期会有一些思想波动，这是可以预想到的。

② 感觉到：通过观察，发现下属日常工作、生活出现变化时。例如：一个平时活跃的员工，最近有点沉默寡言，这是能够感觉到的。

③ 找上门：在管理者还没发现问题，下属已经在诉说苦衷、提出诉求和报告时。例如：下属开始对工作中的问题向你抱怨，开始对合作的同事表示不满，这是找上门的。

④ 跳进去：当发现下属经常出现工作失误，违反纪律，事情发展到不得不解决时。例如：和同事之间的矛盾导致两个人之间发生了激烈的争吵，这属于跳进去的。

【案例】

烦恼的工段长

王工段长管辖3条生产线，管理3个班组，最近工段内的5S成绩一直排在最后，车间会议上，他又受到车间主任的批评。

王工段长开完管理会后去巡检，发现流水线旁有一堆物料摆放很乱，便将该班长叫来：

王工段长：这里为什么摆放这么乱？快点整理！

张班长：这么多品质问题，还有什么必要搞什么5S？

王工段长：不能因为有品质问题就放松5S管理，难怪我们工段的5S成绩这么差。

张班长：这又不是我一个班造成的，只会说我，怎么不说别人？

王工段长：我现在就要说你，快点整理。

张班长：我没空管这个，要理你自己理。

王工段长：要么你就整理，要么你就走人。

张班长：走就走，反正我早就不想干了。

张班长转身就走，到卫生间伤心去了。王工段长呆呆地站在那里，气呼呼地讲不出任何话来。

点评：此案例中张班长就是典型的跳进去了。但问题已到了不得不解决的地步，这时候想激励员工，难度会变得很大。所以这四种类型的问题，解决难度是不一样的；最易解决的是预想到的问题，最难解决的是跳进去的问题（图 3.10）。

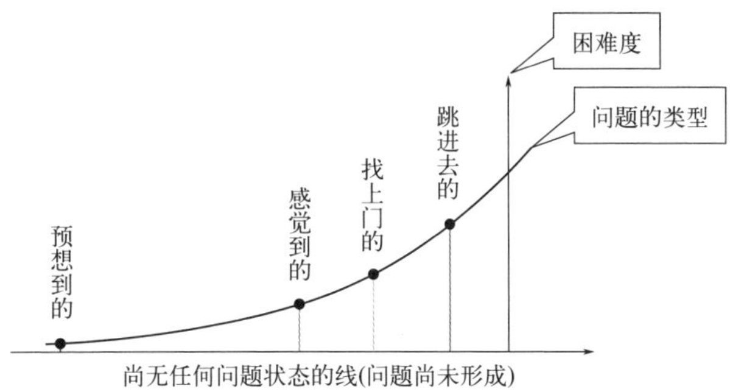

图 3.10 “心理自卫机制”行为问题分析

三、工作关系四阶段处理法

第一阶段：掌握事实

处理问题时，唯一能作为判断基础的就是客观事实。全面准确地掌握事实，需要从四个方面入手：

① 调查了解迄今为止的全部事情经过；

② 明确有哪些规则与惯例；

③ 与有关人员交谈；

④ 了解有关人员的想法与心情。

原则：需掌握全部事实经过。

第二阶段：慎思决定

这是分析判断的阶段，有五个要点需要掌握：

① 整理全部事实情况；

② 分析事实之间的相互关系、原因；

③ 考虑可能采取的措施；

④ 确认有关规定与方针；

⑤ 对于目的、本人、其他人员、生产有什么样的影响。

原则：切忌急于下结论。

第三阶段：采取措施

这是将决定的措施付诸实施的阶段，有四个要点需要注意：

① 是否应该自己做；

② 是否需要别人帮忙；

③ 是否要向上司报告；

④ 注意实施措施的时机。

原则：不可推卸责任。

第四阶段：效果确认

实施措施之后，还需要进一步跟踪措施实施的效果，了解采取了措施之后有了怎样的效果，或正在形成怎样的结果。这一阶段有三个要点需要注意：

① 何时确认；

② 确认多少次；

③ 成果、工作态度、相互关系是否得到了改善。

原则：需确认该措施对生产是否有利。

【案例】

1. 因近段时间生产线出现多次产品错漏件及批量性不良。厂长要求，所有生产线各工站作业人员在完成本工站装配工作的基础上，需增加对前一工站的检查与确认，以确保生产产品的质量。

2. 由于劳动强度增加，很多作业员抱怨不断，纷纷提出辞职，导致人员士气低落，影响正常生产。

阶段一：掌握事实

1. 事实：产品错漏件频繁，质量异常较多；劳动强度增加，作业人员无法适应，人员士气较低；增加协检工作后，部分员工因无法承受压力，而提出要辞职。问题发生的类型——“找上门”类型。

2. 规则、惯例：依据以往要求，各工站作业人员只需完成本工站工作即可，不需协助上工站进行检查。

3. 与有关人员交谈：经过调查了解，找生产线需要辞工的员工进行沟通，主要原因为：

① 作业时间太短，忙不过来；若检查不到位又要挨骂、受处罚，压力太大受不了；

② 做好自己的事情就可以了，干吗还要帮助别人啊；

③ 部分新进员工对产品规格不太了解，害怕担心。

阶段二：慎思决定（表 3.3）

表 3.3　阶段二：慎思决定

可能的措施	影响			
	目的	本人	工作人员	生产
1. 召开组内全体员工会议进行倡导，让全员了解目前的问题点及严重性	增进沟通与理解	压力减小	提升士气	
2. 与产品生技一起，制定各机种标准产能，合理进行人员工作安排，使各工站工时平衡	平衡工时减轻劳动强度		劳动量减轻	稳定生产
3. 展开多功能训练，提升人员技能	提升员工综合技能	压力增加		整体产能短期波动较大
4. 需要集合辞职员工进行思想沟通，逐个击破，让其适应	稳定人心	压力减小	提高士气	
5. 工作之余，开展活动，减轻员工工作压力			提高士气	产能得到稳定

阶段三：采取措施（表 3.4）

表 3.4　阶段三：采取措施

序号	措施	自己（责任）	他人（能力）	上级（授权）	采取的时间
1	在组内员工会议进行宣导，让全员了解目前的问题点与严重性	组织 / 推动	理解问题的严重性	请上级参与	2006.3.20
2	制定各机种标准产能，平衡工时	立即讨论制定	生产技术人员配合		2006.3.20
3	展开多功能训练，提升人员技能	拟订培训计划	熟练技术工人协助		持续
4	集合需要离职的人员，进行思想上的沟通	一对一加强沟通			持续
5	开展业余活动，减轻员工工作压力和紧张度	组织 / 推动		支援协助	持续

阶段四：效果确认

经过上述措施的实施，各生产线员工的工作积极性与技能得到了显著提升，生产产能趋于稳定，产品质量得到保障。目前无错漏件及批量性不良情况，员工因为此问题而提出的离职率降低为“0”。效果确认的三个方面见图3.11。

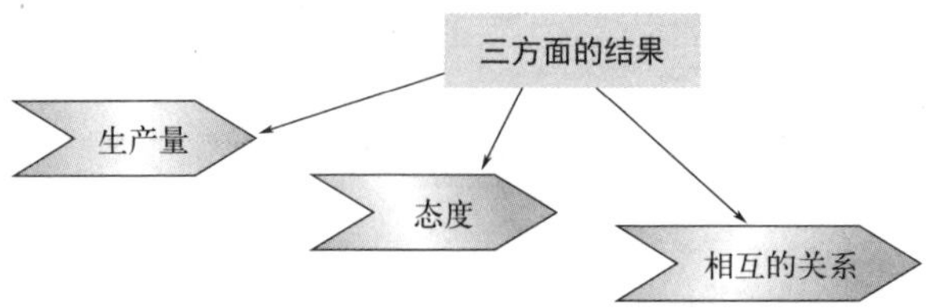

图3.11 效果确认的三个方面

【案例】

如图3.12、表3.5所示，生产量：一周后稳定在12.5千件，超出目标设定值。

质量状况：一周后无重大质量异常。

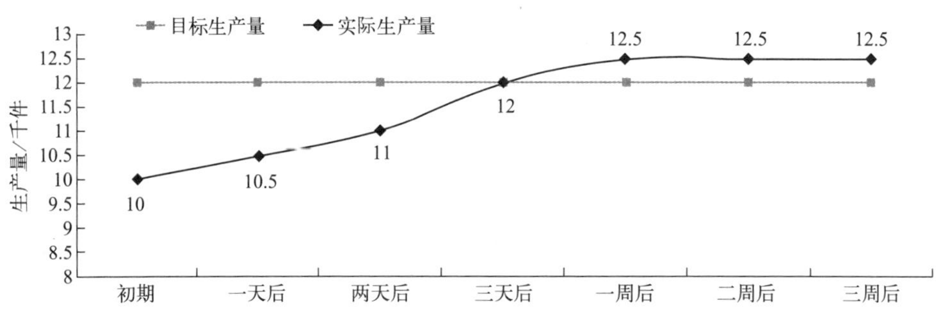

图3.12 态度及相互的关系

表3.5 员工态度及人际互动的关系

项目	初期	一天后	两天后	三天后	一周后	两周后	三周后
态度	90%以上员工工作懒散，不在乎，漏件率较高	30%员工能初步理解，漏件次数有降低	50%员工协调检到位	70%员工协调检到位，但效率较低	95%员工能跟上生产线	100%员工协调检到位，速度快	工作积极认真，无漏件现象
相互的关系	情绪化，抵抗心理，争论	抱怨上级主管	意识到问题的严重性以及主管的难处	主管带头做，亲自教导，部分心存愧疚	感激，相互之间关系融洽		尊重

练习：“工作关系”案例发表操作指南

1.“工作关系”案例发表内容提示

（1）教材中所讲的“工作关系中的问题” 是指管理者对工作上的人际关系之事未做妥善处理，造成对工作（事务或业务）产生不良的影响。

选题：工作上的人际关系，是“人与人”之间的问题。

（2）团队的“工作关系”所涉及的范围（见图 3.13）

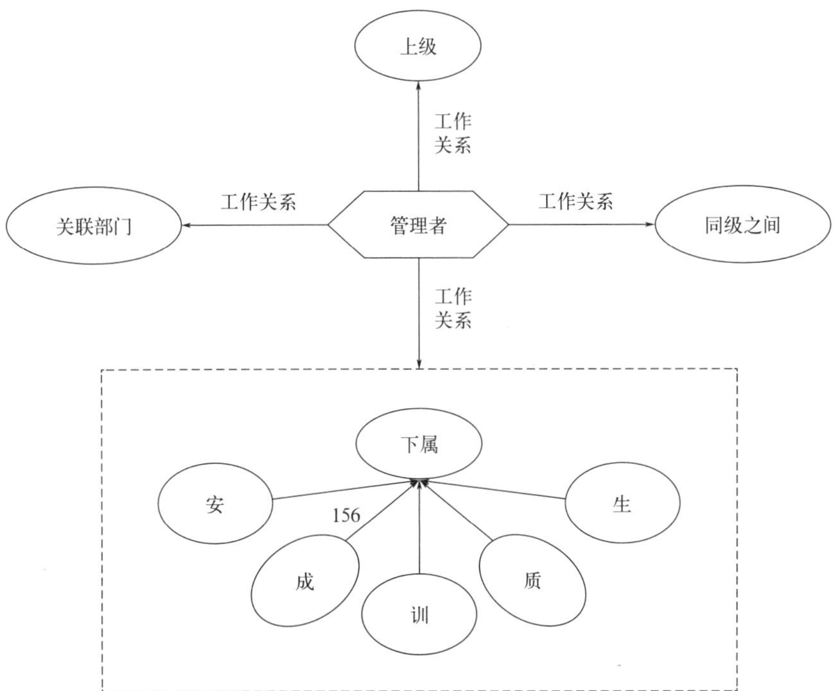

图 3.13　工作关系涉及的范围

由此图可以看出：

① 管理者与同事之间，与上级、与关联部门及下属之间都可能发生工作关系上的问题，尤其是与下属之间更为严重。本次案例发表要求选择与下属之间所发生的工作关系问题，运用所学知识解决。

② 所谓的管理：就是透过众人（心甘情愿）把事情做好。在这个过程中，无论在生产、质量、安全、成本、培训等环节，都可能发生工作关系上的问题。

2.“工作关系”案例发表要求

【**案例**】作业流程（图 3.14）：

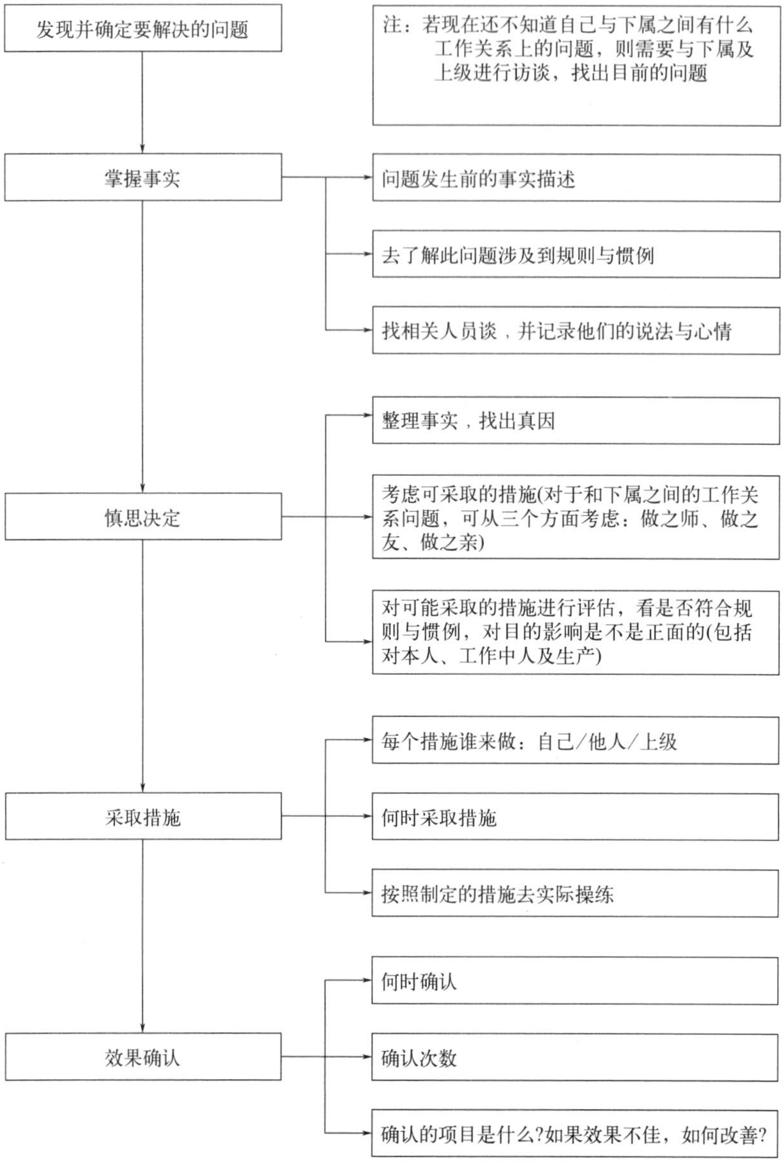

图 3.14　作业流程（案例）

3. 案例制作模板

（1）掌握事实（需充分掌握全部事实经过） 示例见图 3.15、图 3.16。

问题发生的类型	感觉到的		找上门来	
	预期到的		跳进去	

图 3.15　案例制作模板（示例 1）

问题发生的事实	客观描述事实
规则与惯例	找出与之相关的规则、制度及过往的惯例
与有关人员交谈	找谁交谈了？交谈了些什么？
说法与心情	你所交谈的人，他们的说法是什么？心情是什么？

图 3.16　案例制作模板（示例 2）

（2）慎思决定（切忌过早以偏概全地判断）　示例见图 3.17。

整理事实	事实有无遗漏？找出它们之间因果关系，追出问题真因	规则与方针	对下列各项有何影响			
相互关系			目的	本人	工作人员	生产
可能采取的措施	写出可能解决这些问题的措施，值得注意的是并不是所有的措施都可以采取，需慎思	看每一条采取的措施是否符合规则与政策，以及过往惯例是什么	可能采取的每一项措施会对我们的目的(包括本人、工作人员、生产)造成正面影响多，还是负面影响多？这也决定了要不要采取该项措施			

图 3.17　案例制作模板（示例 3）

（3）采取措施（不可推诿责任）　示例见图 3.18。

采取的措施	自己(责任)	他人(能力)	上级(授权)	采取措施时间
经过慎思决定后，确定要采取的措施	采取措施中，自己要做什么？责任是什么？	采取措施中，要善用他人的力量，需要别人配合做什么？还需上司协助你什么？		每项采取的措施，其实施的时机又是什么？

图 3.18　案例制作模板（示例 4）

4. 案例报告要求

① 必须选择的是和下属之间“工作关系的问题”——管理者在管理过程中，无论是对于生产、质量、安全、成本、训练，都可能发生工作关系

上的问题，而且这些问题是管理者最需要解决的；

② 必须选择与工作关系相关的题目，所谓的工作关系是指人与人之间的关系问题；

③ 无论是在找问题时，还是确定问题后掌握事实阶段，都要求管理者必须找下属进行交谈，并详细记下交谈内容（包括下属的表达与情绪），以作为案例真实性的佐证；

④ 在案例作业过程中，要运用所学的高效激励知识与技能；

⑤ 所有案例必须是真实案例，实际实践。

工作关系处理表见表 3.6。

表 3.6 工作关系处理表

1. 掌握事实

问题发生的事实	
规则与惯例	
与有关人员交谈	
说法与心情	

2. 慎思决定

整理事实		规则与方针	对下列各项有何影响			
相互关系			目的	本人	工作人员	生产
可能采取的措施						

3. 采取措施

采取的措施	自己（责任）	他人（能力）	上级（授权）	采取措施时间

4. 效果确认

检核时间 数据 着眼点				

第四章
团队培育

在当今时代，企业的竞争更为关键的是人才素质和能力的竞争。拥有一支高素质员工队伍的企业，必然在市场竞争中占据优势。企业和管理者的重要职责就是通过培育，即培训与辅导帮助下属成长，打造一支素质高、技能强的员工队伍。

将培训视为仅人力资源部门的责任是一种错误的观念。实际上，团队培训是管理者的关键职责之一。未经过良好培训的员工可能会成为企业最大的成本负担。

本章先了解团队培训的一些基本概念，然后重点学习培训课程体系的搭建和师资体系的搭建。这一部分需要人力资源部配合，但主导者是用人部门。最后就是操作层面，培训计划的制订与实施，以及高效地教育辅导下属的方法。

第一节
团队培训概述

一、团队培育的重点——培训

培训是企业为了开展业务需要、提高整体绩效、实现企业目标，而对员工的知识、态度、行为和技能等方面实施的有目的、有计划、有针对性的培养和训练活动，从而让员工能够胜任岗位的要求、提高工作的效率、发挥自身的潜力、提高岗位的绩效。

很多企业存在一个有趣的现象：当企业业绩下滑，管理层在开会探讨原因时，常常会将责任归咎于“培训不到位”。可是当企业的业绩增长了，管理层开会找原因的时候，却从来不说“培训做得很到位”。所以，培训其实只能在一定的范围内，解决一定的问题，而不能解决企业的所有问题。那么，培训究竟能够解决企业的哪些问题呢?

当企业的战略被确定之后，企业成功的关键就与组织能力有非常重要的关系。组织能力分成三个层面，分别是员工思维模式层面（员工愿不愿意做）、员工能力层面（员工会不会做）和员工治理方式层面（企业容不容许员工做）。

培训主要是解决员工能力层面的问题（员工会不会做），而且从某种程度上讲，对这个层面的问题起着比较关键的作用。培训会对员工思维模式层面的问题（员工愿不愿意做）有一定的影响，但并不是决定性的影响。培训主要作用的领域是员工的态度、知识和技能三大领域，通过改变员工的行为，旨在提高企业的绩效。培训的作用包括如下内容：

（一）培训对企业的长期作用

培训能够让企业文化和价值观[1]在企业内有效传递和延续，能够满足企业长期的战略发展需求，能够将企业的战略目标传递至各个岗位，能够传递企业的管理制度和运营标准。

（二）培训对企业的短期作用

培训能够将企业的年度计划传递至各岗位，能够解决某类特定的、难以解决的问题，能够协助某类新项目的推广，能够传递企业的某种信息。

（三）培训对岗位和个人的作用

培训能够改变员工的观念和态度，让员工达到岗位所需的素质、知识和技能要求，能够满足员工职业发展的需要。

培训本质上是一个信息传递的过程。它传递的是对企业有价值的信息，通过信息的传递，最终为企业创造价值。培训在企业中解决问题和发挥作用的全过程如图 4.1 所示。

---

[1] 企业文化是企业在长期发展过程中形成的独特的组织行为方式、工作氛围、传统习惯以及企业成员间的相互关系等。它是一种软性且潜移默化的核心影响力，涵盖了企业的使命、愿景、经营理念、工作方式、团队合作模式等多个方面。价值观则是企业文化的核心，是企业及员工在判断事物性质、做出决策和采取行动时所遵循的基本准则和信念。例如，创新、诚信、客户至上、团队合作、社会责任等均可能成为企业的价值观。

缺失	培训	应用	习惯	价值
缺乏某种态度、知识或技能的员工	参加对应态度、知识或技能的培训，并获得该态度、知识或技能	认同培训内容，将获得的态度、知识或技能应用于工作中	经过对培训所得的持续应用，形成习惯，并发生某些变化、产生某种效果	通过培训后应用产生的效果，产生有益于企业和员工的某种价值
乏	知	行	变	益

图 4.1　培训在企业中解决问题和发挥作用的全过程

二、企业培训的职责划分

经常有人说培训管理工作很难做，人力资源部制订好的培训计划最终在企业内部很难落地。经常为了组织一场培训，人力资源部会忙得热火朝天，但是用人部门的管理者和参训人员却无动于衷，好像培训这件事和自己毫无关系。用人部门和参训人员唯一要做的就是去参加培训，很多企业的总经理对培训管理也不闻不问，他们认为这项工作是人力资源部的工作，做不好全是人力资源部的责任。

有这种情况的企业，培训管理一般都很难做好。因为企业培训管理的归口管理部门是人力资源部，但是企业中培训管理的职责绝不只在人力资源部，培训也不应只由人力资源部发起和组织。

世界 500 强企业普遍对培训管理的定位是：培训是员工本人和他上司共同负责的事情，其他部门主要是支持和配合。所以，人力资源部在培训管理工作中，其职责主要是支持和协助各用人部门做好培训，并提供企业统一的培训。企业要想有效地实施培训管理，各方的角色定位和职责简述如表 4.1 所示。

表 4.1　企业培训管理各方角色定位和职责简述

部门 / 角色	角色定位	具体职责
总经理	领航者	提出企业发展需要的培训需求 给出企业培训管理的纲领 及时对培训管理大方向进行纠偏
用人部门管理者	需求者 实施者 配合者	提出部门发展需要的培训需求 在部门内部自主实施人才培养 制定部门内部的培训大纲 协助确定部门内部讲师人选 协助开发培训课程 协助企业人才培养方案的运行 支持企业的培训管理工作

续表

部门 / 角色	角色定位	具体职责
员工	需求者 配合者	提出个人的培训需求 配合培训的交流反馈工作 支持企业的培训管理工作
人力资源部 / 培训部	组织者 协调者 资源整合引导者 管理者	建设培训体系 建立培训制度 制订培训计划 收集培训需求 管理培训资源 组织实施培训 培训效果评估改进
培训讲师	开发者 实施者 评估者	开发培训课程 落实培训内容 保证参训人员获取到相关信息 协助进行培训效果评估

要在企业中做好培训管理，总经理、用人部门管理者、员工、人力资源部培训部、培训讲师等均发挥着各自关键的作用。只有当每个角色都充分明确各自的定位、履行各自的职责时，企业的培训管理方可有效地运转。

三、企业培训的不同阶段

培训管理工作并不是简单地模仿其他企业的成功做法就能奏效的。它需要根据企业自身的管理发展阶段来定制。培训管理可以划分为几个不同的阶段：初级管理阶段、体系构建阶段、人才培养阶段以及转型升级阶段（图 4.2）。在这些不同的阶段中，工作的重点、培训的作用、成功实施培训管理的关键因素以及评估培训成果的指标均存在差异。因此，企业在制订

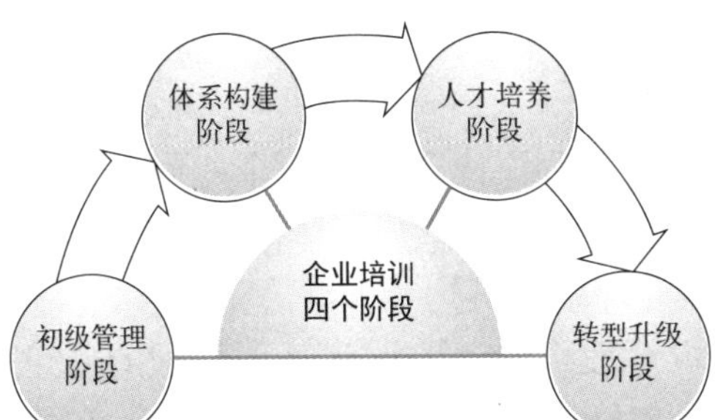

图 4.2　企业培训四阶段

培训计划时，必须考虑到自身所处的发展阶段，以确保培训管理工作的有效性和适应性。

培训管理所处的阶段与企业的规模以及企业管理水平所处的阶段存在一定的关联性，但并非完全对应。有可能某企业虽然规模庞大，销售规模超过百亿级，人数已达几万人，企业的其他管理，诸如预算管理、生产运营管理、客户管理、供应商管理等管理体系相对较为完善，然而由于企业从未对培训进行过系统化管理，所以培训管理或许处在初级阶段。

也有可能某企业虽然成立仅几年时间，业务量不大，人数不多，企业在其他方面的管理也都处于初级阶段，但这家企业从成立之初就极为重视培训管理工作，一直以来对员工实施的都是非常完整且系统的培训，或许这家企业的培训管理已经跨越了初级管理阶段，处在体系构建阶段或人才培养阶段。

（一）初级管理阶段的工作重点

处在培训管理初级管理阶段的企业，往往是企业刚成立不久，或者企业已存在较长时间，但最高管理层的主要精力放在企业的经营发展和业绩提升上，对于人才的培训与培养相对不够重视。然而当企业发展到一定程度，因遇到管理瓶颈或意识到人才问题的重要性，最高管理层才开始重视人才的能力成长问题，着手推进培训管理工作。

初级管理阶段是企业培训管理从无到有的阶段，由于企业之前未曾系统地对培训进行管理，可能针对某类人员群体的培训时有时无、断断续续，而且培训的目的性、功能性、质量和效果等都无法得到保障。有的企业甚至只做新员工培训，针对其他人员的培训偶尔有，但不完整、不系统。

此阶段培训管理工作的重点应放在员工知识的扩充、素质的提升、士气的激发和心态的调整方面，主要承担员工福利和企业留人策略的功能。这个阶段的培训管理是以培训管理的思维导入为主。

因为培训管理在这个阶段尚不成熟，企业内部缺乏有效的培训资源开发和管理。企业能够开展的培训管理工作一般仅包括阶段性的新员工培训、员工外派学习、引入外部培训机构或咨询公司等形式。

在企业培训初级管理阶段，要评估培训管理的质量，通常会采用一些较为初级的指标，比如培训课时、培训人数、培训费用、课程开发的数量、培训的满意度等。

（二）体系构建阶段的工作重点

当培训管理走过初级管理阶段后，企业培训的相关工作会逐渐步入正轨，企业将逐步进入体系构建阶段。在初级管理阶段，企业所做的培训犹如一个个分散的点，这些点虽能在一定的时间和空间内提升某些岗位的知识和技能，但其相互间的关联性较弱。

到了体系构建阶段，这些“点”会被串联成一条“线”，形成完整的培训管理链条，这个管理链条，开始连接企业的战略目标。通过查找和补充管理链条中的缺项，能让培训管理工作更顺畅、更有效。

当企业的培训进入体系构建阶段时，企业的关键岗位都应具备完整全面的培训计划，企业内部已逐渐建立起讲师团队和课程体系。企业的培训管理工作开始变得有计划、有目的、有针对性。

在体系构建阶段，企业需要着手构建完整的岗位胜任力模型。依据胜任力模型，搭建并开发课程体系。这个阶段培训管理的作用主要在于吸引人才、培养内部培训讲师、营造学习型组织的氛围。这个阶段培训管理工作的关键点是建立培训课程体系、组建企业内部培训讲师团队、形成培训效果转化系统。

这个阶段对培训管理工作的考核指标相较初级管理阶段有所升级。除了关注每场培训活动的指标外，一般还涵盖培训计划达成率、计划课程参训率、讲师的授课次数、培训课程完整度的百分比及所有培训管理工作的平均满意度等。

（三）人才培养阶段的工作重点

当培训管理工作走过第二个阶段后，将会迈入第三个阶段——人才培养阶段。在这个阶段，线性的培训管理和计划性的人才培养及培训方案，已无法完全满足企业对人才能力的需求。企业必须设法让企业整体的人才能力和素质得以提升。

在这个阶段，培训管理需从线性结构向平面化延展。培训管理不仅追求达成企业的短期战略，更注重企业长远的稳步健康发展。这就要求企业的人才能够实现全面发展，构建以战略为导向的人才梯队，为企业后续的发展提供源源不断的人才支持。

这个阶段培训管理工作的重点不再是单纯依照培训计划、一场一场地组织培训，而是通过一些方法，建立一种机制，激发员工学习和成长的主观能动性，提升企业全员的综合素质与综合能力，为全企业几乎所有的岗位构建起以岗位素质模型为导向的课程体系，注重组建以战略为导向的人才梯队。

培训在这个阶段发挥的作用是集中管理企业内部的智慧和经验、满足战略发展对人才的需求。这个阶段要做好培训管理工作，关键点是要绘制出员工的学习路径图、明确并打通员工的职业成长通道，对管理人才实施领导力培训项目。通过这些关键工作，推动企业人才的能力提升。

比如有的机构庞大、管理成熟的企业，在这个阶段已建立起非常完善的培训管理体系，已非常明确相应的岗位需要哪些能力支持，建议学习哪些课程，并且给这些岗位的员工提供了一种或几种具体的学习方法和路径。例如线上学习平台。员工入职后，将会得到一个属于自己的账号，员工只需登录这个平台就能学习到相应的知识；员工有哪些不懂的知识或技能，可通过这个平台快速检索并学习。

在这个阶段，除了企业统一组织的培训学习之外，可以重点通过人才梯队建设中的以师带徒、线上学习平台中的学习资料共享、企业大学中的选修课程等方式来实施培训。

这个阶段企业对培训管理质量的考核指标可以是员工学习路径的达成率、培训项目的完成率、人才梯队的完善度等更为宏观的维度。

（四）转型升级阶段的工作重点

当企业完整地走过前面三个阶段之后，培训管理将会逐渐进入第四个阶段——转型升级阶段。在这个阶段，企业通常已经开始建立或者已经建成企业大学。培训管理工作已经和企业的经营管理紧密相连，培训形式呈现出战略化、职能化、专业化、系统化、多样化，培训已成为企业绩效改进的有效途径之一。

到了这个阶段，培训管理的定位和作用将会再提升一个层级。不仅围绕解决微观人才层面的问题，更要能够解决宏观组织层面的问题。培训管理将会成为解决企业面临的发展瓶颈和绩效问题的手段之一，成为能够帮助企业实现战略目标和业务转型升级的有力武器。

这个阶段培训管理工作的关键点是建立业绩改进模型、组建企业内部“智囊团”、完善企业大学运营管理、实现资源共赢。通常企业培训管理到达这个阶段时，绩效管理也会相对完善；已不仅是对绩效指标的考核，而是把培训管理部门（或者在这个时期称为企业大学）作为一个独立经营的实体机构进行绩效考核。

根据企业的战略目标和导向，可以考核培训管理部门的平衡计分卡的财务指标、客户指标、内部流程、学习与发展四类指标。

（五）培训管理发展阶段的转化

培训管理每个阶段之间的过渡周期通常为 3 年。也就是说，一个原本对培训管理毫无概念的企业，从零开始推行培训管理体系建设，将初始推行阶段视为初级管理阶段；如果持续运行且进展顺利，那么一般经过 3 年左右的时间，就能够达到第二阶段——体系构建阶段；再过 3 年，就能达到第三阶段——人才培养阶段；再过 3 年，就能达到第四阶段——转型升级阶段。

当然，这里的 3 年只是经验数据。根据企业自身管理基础的不同、管理环境的不同、企业文化的不同、企业所属行业的不同、企业内部人员素质的不同以及企业引入外部管理支持的不同，时间跨度会有所差异。

一些企业的总经理在外出参观学习后，可能会被其他企业在培训管理体系或管理理念方面的卓越表现所吸引，回到自己企业后便急于复制这些成功经验，希望迅速实现变革。然而，并非所有培训管理者都能清楚地认识到管理发展的阶段性规律，这可能导致他们盲目模仿，犯下同样的错误。有时，培训管理者甚至会因为总经理在某些管理变革上的支持不足而感到不满，抱怨其理念落后。这种急于求成的态度和对管理发展阶段理解的不足，可能会阻碍企业培训管理的有效实施和持续改进。

制度、流程、方法论、模型等这些管理工具在某一个环境中是可行的，但是更换环境之后，这些管理工具未必可行。这就好比马术比赛从 F1 赛车比赛中吸取经验是有可能的，因为两者有着同为“竞速”的相同点，但同时也要认识到两者之间的不同点远比相同点多得多。如果一味地依样画葫芦，结果很可能会水土不服。

企业对于管理模式的适配，同样遵循类似自然界和生态圈的规律。一口吃不成胖子，一步跨不到天边。企业的最高管理层对企业的培训管理往往抱有较高期望，但是企业当前培训管理的水平无法满足要求时，有时这种期望可能会导致拔苗助长。企业的培训管理者在实施培训管理体系建设之前，一定要首先评估并明确自己的企业当前处于哪一个阶段。假如企业当前处于初级管理阶段（第一阶段），但最高管理层期望培训管理能够达到转型升级阶段（第四阶段）的效果，那么培训管理者就要清晰地认识到这是不切实际的期望。这时培训管理者要及时与最高管理层沟通，让最高管理层理清管理运行发展的规律，有愿景是好事，但不可想当然。

当企业最高管理层对培训管理体系的建设阶段有足够认识，并愿意全力投入资源和精力去提升培训管理水平时；如果进展顺利，培训管理体系演化的时间可能会比预期时间缩短。

第二节 培训课程体系搭建

一、培训课程的开发种类

根据不同的培训目标，培训课程可划分为七种类型：流程类、过程类、结构类、概念类、原则类、事实类和区别类。这些课程各自承担着不同的教学功能。企业可以根据自身需要解决的具体问题，从这七种类型的培训课程中选择一种或多种组合，以实现最佳的培训效果。

（一）流程类

流程类培训课程的内容通常是完成某项任务的具体步骤。比如完成某任务的第一步、第二步、第三步分别应该做什么。这类课程的目的，往往是教会员工某种操作技能。这类课程的效果评估，一般需要员工实际操作。例如主题为“如何组装一把椅子”的培训课程，就应当采用流程类。

（二）过程类

过程类培训课程的内容一般是某项事物发展转变所需经历的过程。过程类与流程类的不同，在于流程类的培训课程聚焦于操作层面的具体步骤，而过程类的培训课程则是某个事物发展变化的过程。这类课程的目的，通常是想让参训人员学习并了解即可，不一定需要实际操作。比如主题为“组装椅子的零件是如何生产出来的”的培训课程，就应当采用过程类。

（三）结构类

结构类培训课程的内容通常是对某项事物内部的分类、层级、关系的梳理与呈现。这类培训课程的目的往往是让参训人员对事物内部的整体性和关联性有一个把握。比如主题为“一把椅子都由哪些部分组成”的培训课程，应当采用结构类。

（四）概念类

概念类培训课程的内容通常是对某个事物的准确定义。这类培训课程的主要目的是让参训人员能够正确地认识或辨识某个事物。比如主题为“什么是椅子”的培训课程，应当采用概念类。

（五）原则类

原则类培训课程的内容一般是事物运行的规律或人们运用该事物需遵循的通用规律。这类培训课程的主要目的是让参训人员认识到对于某类事物，什么能做、什么不能做。比如主题为“椅子是用来坐的，不是用来吃的”的培训课程，应当采用原则类。

（六）事实类

事实类培训课程的内容一般是传递某个事物的事实信息、发生经过或客观属性。这类培训课程的主要目的是帮助员工认清事实。比如主题为“椅子有四条腿”的培训课程，应当采用事实类。

（七）区别类

区别类培训课程的内容通常是某种事物有哪些分类，在同样的类别中还有哪些相似的事物。这类培训课程的主要目的是帮助员工区分事物。比如主题为“椅子都有哪些分类”的培训课程，应当采用区别类。

在一个培训课程中，可能包含上述七类培训课程中的一类，也可能会有两类或多类的组合。具体的选择可根据培训的目的、课程的时长、参训人员等实际需求进行匹配。大多数情况下培训的主要目的是提升职业技能，一般以流程类的培训居多。

在开发培训课程时，课程开发人员最易犯的错误是把本应是 A 类内容的课程设计为 B 类内容。比如把流程类的课程内容，设置成了概念类或原则类的课程内容；结果员工更多获得的是知识的提升，而非技能的提升，最终使培训达不到预期的效果。

【案例】

在一家生产加工椅子的企业，新入职了一批椅子组装岗位的员工。企业需要对他们开展椅子组装方面的培训，传授他们组装椅子方面的技能，使他们能够适应岗位操作的要求。这时，企业的培训课程应当设置哪些内容呢？

1. 流程类的培训不仅是必备项，还应当作为本次课程的重点内容。同时培训课程中要设置实操的环节，让该岗位的新员工实际体验操作的整个流程。

2. 过程类的内容可省略，因为内容中有流程，而且要求员工亲手操作，已经包含过程了。

3. 结构类的内容可适当纳入，因为在组装椅子的时候，该岗位的员工需要了解他组装的椅子都由哪些部件组成。通过认识椅子这个产品的整体结构，他会更容易掌握流程中的技能。增加认识后，也能够减少组装过程中的错误。

4. 概念类的内容可省略，因为该岗位的员工不是搞椅子的生产研究，只是负责对椅子进行组装，岗位技能不需要知道概念类的内容。

5. 原则类内容可按需纳入，因为该岗位员工不需要一些概念层面的原则，而需要一些操作层面的基本原则。

6. 事实类的内容可省略，因为该岗位以操作为主，事实如何，员工肉眼可见。

7. 区别类的内容要看情况。如果该岗位需要组装不同类别的椅子，则需要了解不同产品的区别和组装流程；如果只是组装同一种产品，则不需要纳入。

在培训课程开发过程中，培训管理者应时刻审视课程开发人员开发的课程内容是否能够达到培训的预期目的，课程中是否存在没有必要的内容。发现问题应及时优化，以免浪费培训资源。

二、培训课程的结构设计

成年人强调学以致用。因此在设计培训课程的环节，首先要引起成年人的注意，使其主动发现问题，然后给予其理论指导；并让其在实战中有效地演练和运用，最后通过对问题的解决进行总结反思，形成持续改进、不断提升的闭环。如图 4.3 所示。

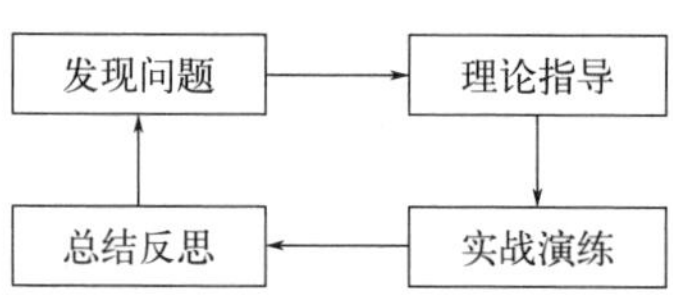

图 4.3　培训课程设计的逻辑

（一）发现问题

培训的目的是解决问题。但是参训人员很可能在培训开始之前没有意识到问题，或者已经意识到问题但对问题的认识不深刻、不全面、不到位。因此，在培训课程开始的阶段，要通过游戏、提问、测试、案例研讨等各种方式吸引参训人员的注意力；启发参训人员的思维，帮助其发现问题，激发其学习欲望，提升其认知水平。

在发现问题的开始环节，可以让参训人员充分参与，由他们自己发现问题。然后由培训讲师在参训人员思考的基础上进行分析、汇总、总结和升华，让参训人员对问题形成统一的认识，提高参训人员对后续课程内容的接受程度。

（二）理论指导

发现问题后，培训讲师可以开始正式的课程，也就是对参训人员进行方法讲授和理论指导。在设计这部分培训内容时，应当注意遵循培训课程简单易懂的原则；让所有内容简单易懂，尽量避免过多复杂的原理。

在这个部分，同样需要多引用故事、案例、互动游戏、名言警句、权威观点、音乐、图片、视频等素材来呈现课程的内容，以及用统计数据、客观事实等支持性的信息增强培训内容的可信度，让原本抽象的内容变得生动形象，便于参训人员快速学习和理解。

课程开发人员在设计这部分内容的时候要时刻注意站在参训人员的角度思考问题，要不断把自己当成参训人员，然后问自己“这对我有什么用？”以保证培训课程的内容是针对参训人员需求、解决实际问题的方法，而非空洞的理论。

（三）实战演练

戴尔·卡耐基（Dale Carnegie）说：“一两重的参与胜过一吨重的说教。”成年人喜欢在实战中学习，期待用学到的内容解决实际问题，喜欢参与、讨论与互动。所以在课程设计时，课程开发人员应尽量规划出参训人员实战演练的环节。

实战演练的环节不仅能够让参训人员在培训过程中获得实操练习，而且能够让培训讲师对参训人员的实际操作进行点评、纠正或指导，以巩固培训的内容，加深参训人员的学习印象，增强培训的效果。

一切不具备实用性的培训课程都是没有效果的。就算培训课程的理论体系非常完善，但如果无法应用于实战中，那也是无效的课程。所以重要的不是培训讲师在课程中多么博学多才，不是他在培训过程中教授了多少知识，重要的是参训人员真正能学到多少，有多少能真正在实际中运用，应用后有多少产生了正面的效果。

（四）总结反思

课程结束，除了总结课程的全部内容之外，还可以增加学员对自我总结反思的环节。通过参训人员之间对培训课题的深入研究、交流与探讨，将学习所得升华，让参训人员深入反思自身距离学习目标还存在哪些差距，应继续在哪些方面做出努力。同时也增加了对培训课程的总结、反思，内容主要是参训人员对培训课程本身的评价，使培训课程也能够形成持续优化的闭环。

三、培训课程的开发步骤

培训课程的开发不仅要关注课程本身的设计环节，还应在课程设计之前重视目标的确定和任务的分析；在课程设计之后留意在培训教学环节中的真实应用，以及应用之后获得的反馈与评价。培训课程开发流程如图 4.4 所示。

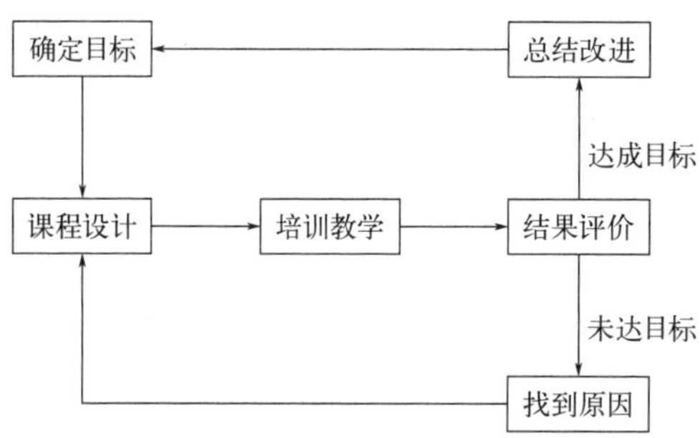

图 4.4　培训课程开发流程

（一）确定目标

在开发培训课程之前，课程开发人员要明确课程主要针对的是哪些具体痛点、解决哪些具体问题、想达到哪些具体目标。针对要达到的目标，课程开发人员要分析解决问题所需的工作任务，明确培训课程中需要包含的具体内容。

（二）课程设计

课程开发人员根据对目标和课程内容的确定，再依据培训课程设计结构开展课程设计工作。在建筑物的建设过程中，是先搭骨架，再填充混凝土，最后进行装修。课程的设计也是同样的道理。课程设计在确定课程的主题之后，一般需要先确定分成几个部分、有几个标题或目录，再确定各部分包含的内容，最后进行整体性、系统性的优化。

整个课程的框架遵循“论点—论据—论证”的逻辑和系统顺序。培训课程的设计步骤如下：

① 选定课程的主题。主题应言简意赅，能通过它看出该培训课程待解决的主要问题。每个培训课程解决的问题最好是具体的某一个或某一类问题，内容较宽泛的课程往往收不到预想效果，也不容易被参训人员接受。比如课程主题为“如何组织一场会议”就是比较可取的课程题目，课程主题为“会议管理与企业文化”就显得过于宽泛了。

② 确定课程中共有几部分内容用来说明课程主题。各部分内容之间应当相对独立，对于说明课程主题都应当具有一定的支撑作用。

③ 列出每个关键部分之下的标题段落。标题段落是对各部分内容的细分，用来支撑每部分的内容。

④ 列出每个标题下的具体内容。内容是对标题的再次细分。

（三）培训教学

完成培训课程设计之后，就可以开始进行培训了。正式培训之前可以先进行小范围的试讲，以便及时发现课程的不足之处并及时改正。

（四）结果评价

在正式的培训之后，通过对培训结果的评价，培训管理者能够得出该培训课程是否达成了预期的目标。若达成目标，在完成总结改进之后，可以根据新一轮培训目标的确定形成闭环；如果没有达成目标，培训管理者要及时找到原因，对课程进行重新设计或修改。

培训课程经过多次的设计、培训和完善后，可以考虑定版，之后随着环境的变化，再进行不断的修订。一般来说，定版后的培训课程通常需保持每年至少修订一次的频率。但培训也需要与时俱进，在每次开课前都要根据行业动态、当下热点及参训人员类别进行适当调整，以提升课程效果。

四、培训课程体系的管理

随着企业开发出的培训课程不断积累，可以逐步建立起一套完整的培训课程体系。该体系是企业战略目标与能力体系在课程层面的具体落地。企业可基于培训需求开展调研，以企业战略和经营目标为导向，依据不同岗位族群、序列、角色、层级的能力素质模型，结合业务流程，系统地构建起有效的培训课程体系。企业课程体系清单如表 4.2 所示。

表 4.2 企业课程体系清单

<table>
<tr><th>大类</th><th>小类</th><th>课程名称</th><th>课程内容</th><th>可预期效果</th><th>可选讲师</th></tr>
<tr><td rowspan="9">管理技能</td><td rowspan="7">高级管理层</td><td>战略管理</td><td></td><td></td><td></td></tr>
<tr><td>组织机构设计</td><td></td><td></td><td></td></tr>
<tr><td>品牌管理</td><td></td><td></td><td></td></tr>
<tr><td>风险控制</td><td></td><td></td><td></td></tr>
<tr><td>领导艺术</td><td></td><td></td><td></td></tr>
<tr><td>如何决策</td><td></td><td></td><td></td></tr>
<tr><td>人才的选用预留</td><td></td><td></td><td></td></tr>
<tr><td>中级管理层</td><td>……</td><td></td><td></td><td></td></tr>
<tr><td>初级管理层</td><td>……</td><td></td><td></td><td></td></tr>
<tr><td rowspan="10">岗位技能</td><td>营销技巧</td><td>……</td><td></td><td></td><td></td></tr>
<tr><td>生产运营</td><td>……</td><td></td><td></td><td></td></tr>
<tr><td>人力资源</td><td>……</td><td></td><td></td><td></td></tr>
<tr><td>财务管理</td><td>……</td><td></td><td></td><td></td></tr>
<tr><td>技术研发</td><td>……</td><td></td><td></td><td></td></tr>
<tr><td>采购管理</td><td>……</td><td></td><td></td><td></td></tr>
<tr><td>质量管理</td><td>……</td><td></td><td></td><td></td></tr>
<tr><td>仓库管理</td><td>……</td><td></td><td></td><td></td></tr>
<tr><td>物流管理</td><td>……</td><td></td><td></td><td></td></tr>
<tr><td>客户服务</td><td>……</td><td></td><td></td><td></td></tr>
<tr><td rowspan="2">通用技能</td><td>个人成长</td><td>……</td><td></td><td></td><td></td></tr>
<tr><td>新员工培训</td><td>……</td><td></td><td></td><td></td></tr>
</table>

表 4.2 是按照技能类型的大类划分，又按照岗位层级和属性划分成不同的小类，再到课程的具体名称、课程包含的内容、课程预期能够达到的效果以及可选的讲师。根据企业的实际需求，表中还可以增设课程目的、授课形式、课程时间、课程版本、往期反馈等。

培训课程体系要依据企业的实际情况进行构建，课程体系的思路来源于培训需求分析或者岗位胜任能力模型。但对于不具备这方面管理基础的企业来说，可以参考管理技能、岗位技能和通用技能的通用课表。如表 4.3 所示。

表 4.3　管理技能、岗位技能和通用技能的通用课表

大类	小类	课程名称
管理技能	高级管理层	战略管理、组织机构设计、企业文化、品牌管理、风险控制、领导艺术、如何决策、人才的选用育留
	中级管理层	团队建设、沟通技能、企业知识管理、员工激励、执行技能、人才选用育留、会议管理、情绪管理、目标管理、非财务人员的财务管理、非人力资源人员的人力资源管理
	初级管理层	目标管理、计划管理、团队建设、沟通技能、解决问题、执行技能、会议管理、情绪管理、员工关系管理
岗位技能	营销技巧	电话销售技巧、客户服务技巧、渠道销售技巧、经销商管理、专业销售技巧、大客户销售、顾问式销售、客户关系管理、销售呈现技巧、双赢商务谈判
	生产运营	生产计划、现场管理、安全管理、品质控制、成本控制、设备管理、工艺管理、流程管理、订单管理
	人力资源	岗位管理、招聘管理、培训管理、素质模型、薪酬管理、绩效管理、劳动关系、人才测评、职业生涯、培训培训师、战略管理
	财务管理	统计核算、报表编制、现金管理、单证管理、成本管理、资产管理、税务筹划、预算管理、财务预测、管理会计
	技术研发	创新意识、产品知识、研发项目管理、产品需求分析、产品中试管理、研发成本控制、研发质量管理
	采购管理	诚信意识、报价方法、谈判技巧、采购预算管理、供应商管理、合同管理、市场调研
	质量管理	品质控制流程、质量检验方法、全面质量管理、质量控制的数理基础、统计质量控制的常用工具和方法、产品生命周期质量分析和控制技术、质量可靠性分析
	仓库管理	仓储管理流程、仓库系统使用、供应链计划、库存管理、仓库数据分析
	物流管理	物流质量管理、报检流程、报关流程、物流系统、商品包装管理、物流运筹管理、物流成本管理

续表

大类	小类	课程名称
岗位技能	客户服务	客户关系管理、客户服务原则、沟通技巧、电话礼仪、接待礼仪、如何有效地提问、服务用语、肢体语言
通用技能	个人成长	自我认知、人生规划、时间管理、压力管理、情绪管理、团队意识、沟通技巧、人际关系经营、个人知识管理、个人品牌管理、身体品质管理、心态塑造、如何处理问题、文书写作、办公软件使用
	新员工培训	企业文化、发展历程、规章制度、奖惩条例、消防安全

第三节 培训师资体系的搭建

一、内部讲师的选拔

培训讲师是培训管理中最稀缺、最核心的资源，也是培训管理体系中最为关键的资源。就算没有场地、没有设备、没有课件、没有资料、没有经费，只要有一位优秀的培训讲师，即使条件简陋，也能开展一场有效的培训。相反，没有讲师的情况下，即便其他资源再充足，培训也无法进行。因此，培训讲师的质量直接决定了培训管理体系中资源层面的整体质量。

企业选拔内部培训讲师可以分为三步，分别是企业公布条件、候选人申请试讲、企业组织对候选人的评价考核。

（一）公布条件

选拔内部培训讲师的第一步，是企业公布内部培训讲师的选拔资格条件。担任内部培训讲师的资格条件，应当依据企业的实际需要制定。通用的企业内部培训讲师的任职资格条件可以参考如下内容：

1. 具有一定的资历、学历及职务背景；
2. 具备基本的表达能力、学习能力与责任心；
3. 具备出色的专业能力和工作业绩，擅长某一个或几个领域，且有自己的独特见解；
4. 乐教善导，愿意帮助他人，愿意分享；
5. 逻辑思维缜密，善于分析；
6. 良好的沟通与表达能力，富有影响力和幽默感；

7. 为人师表、有耐心、有亲和力、有包容心，认真、坦诚；
8. 具备课程开发、PPT 制作及讲师授课相关的技能。

（二）申请试讲

有意愿做内部培训讲师的员工可以自行申请，参加企业统一举办的试讲。此环节最容易出现的问题是企业在发出号召后，报名人数较少。遇到这种情况，培训管理者要调研一番，了解员工不愿意报名的原因，并针对问题重新审视报名通知和担任讲师的条件。

比如有的企业担任内部培训讲师的奖励机制缺乏吸引力，有的企业甚至把内部培训讲师定位为义务岗位，讲完了对培训讲师没有任何奖励。但是，培训讲师准备一套完整的课程需要耗费大量的时间和精力，如果企业不设置任何奖励机制，培训讲师就缺乏参与的动力。

如果奖励过少也是达不到效果的。比如，有的企业给内部培训讲师的奖励是授课一次奖励 100 元，而且该企业还要求内部讲师必须由中层管理者担任。该企业中层管理者的工资较高，对于这种收入水平的员工，一次 100 元的奖励显得微乎其微。况且要吸引内部优秀的员工担任讲师，金钱应当是最基础的激励，而非唯一手段；必要的荣誉、福利及组织认可等激励因素才是更为关键。

培训管理者要审视是否存在部门负责人因担心占用员工精力，而不允许员工做内部培训讲师的情况。若确实存在这种情况，可借助更高层管理者的宣导，也可以规定内部培训讲师所在的部门领导同步获得一定的奖励。这里的奖励不一定是金钱，可以是荣誉，也可以是职业发展。

（三）评价考核

评价考核是企业对报名后参加试讲的候选人进行评价和考核的过程。这里的评价和考核不仅关注员工试讲环节的表现，更需考察员工日常工作的情况。

在员工报名之后、试讲开始之前，培训管理者一是要按照内部培训讲师任职资格标准进行筛选；二是要详细了解候选人日常工作的态度、能力和绩效。为获取相关信息，有必要和候选人所在部门的管理者及同事沟通，了解其实际表现。

对内部讲师的评价考核，首要考察态度，其次是绩效，最后是能力。对于从未担任过培训讲师的员工，在培训讲师所需的基本技能方面稍有欠缺是可以理解的，培训管理者后续可以有针对性地对候选人进行专门的培训，但培训讲师的态度必须端正，要是平时工作积极性较高、正能量较强的人。

对于绩效水平较低的候选人，即使他的个人能力很强，可能因外部因素导致了他的绩效较差，此时培训管理者也要考虑，暂时不将其选拔为内部讲师。因为若用绩效较低的人作为培训讲师，可能会给员工一种心理暗示：即企业认可和容忍绩效低的人，这不利于企业的绩效管理文化。培训管理者可以设法帮助绩效偏低，但态度和能力都较好的员工提升绩效，待其绩效得到改善之后，再选拔他为内部培训讲师。

二、内部讲师的培养

当初步选拔出具备培训讲师潜质的人才后，他们当中很多人通常是不具备培训讲师需要具备的经验提炼、授课表达、课程设计及课程制作等相关能力的。即使有人可能已经具备基本能力，但他的能力是否达到企业的要求，能否结合企业最新需求运用，也是不一定的。

所以企业要统一组织对内部培训讲师的培训，比如定期组织培训师培训（TTT）。培训结束之后，要对参训人员进行考核认证，通过认证者才有资格被聘任为内部培训讲师；认证未通过者，不能获得聘任资格。在 TTT 培训时，需要注意如下原则：

（一）要实用，培训的内容要能解决实际问题

企业组织的培训讲师专项培训课程是否实用，不仅影响着 TTT 培训本身的质量，还直接影响着内部培训讲师将来对参训人员所做的培训能否以实用性为原则。

（二）TTT 培训的过程中学员要积极上台试讲

要给参训人员实战的机会，让参训人员陆续上台试讲，由讲师和其他参训人员进行点评。培训过程不仅是参训人员增长知识的过程，同时也是他们提升技能的过程。

（三）TTT 培训要定期举办，一般至少每年一次

不仅报名参加培训讲师选拔的候选人要参加，已经被选拔成为内部培

训讲师的员工也要定期参加。参与复训的培训讲师，同样要通过培训之后的认证。对于认证不通过的，可以取消其现有内部培训讲师的资格。

对于新通过认证的培训讲师候选人，可以聘任；对于已经成为企业内部培训讲师且复训后认证通过的，可以续聘。如果企业的战略、组织架构、业务流程、人员结构等因素随时间变化较大，对内部培训讲师可以每年聘任一次；如果这些因素的变化较小，可以 2 ～ 3 年聘任一次。

对内部全职培训讲师和兼职培训讲师的选拔、开发、培养可以采取统一的原则。两者之间的差异可以体现在他们后续工作开展的方式以及未来的职业发展路径上。

三、内部讲师的激励

培训师的态度和能力对培训效果的影响极大，保证培训师的工作态度对于培训目标的实现至关重要。为激励内部培训讲师的成长和发展，培训管理者应对内部培训讲师进行分类和分级管理，并在培训管理制度中予以明确规定。

对于内部专职培训讲师，可以为其设计管理和技术两条发展通道，制定相应的晋升标准。有的人适合专注于培训授课或研究课题，不愿带领团队，可以走技术通道——由三级培训师晋升至二级培训师，再晋升到一级培训师；有的人较为擅长且愿意带团队，具备一定的专业素养和领导能力，可以走管理通道——由普通员工晋升为主管、部门经理，再到高级经理。

不论是内部的专职讲师还是兼职讲师，授课达到企业期望效果的，除发放课时费之外，还可以给予内部培训讲师荣誉奖励、个性化福利或职业发展支持等激励，以激发内部培训讲师的活力和积极性。

（一）荣誉奖励

培训管理者应当定期对内部的培训讲师进行评估，并定期在企业范围内公开表扬。对于表现优秀的内部培训讲师，企业可以授予其较高的荣誉。

（二）个性福利

对于优秀的内部培训讲师，可以给予其彰显身份的个性化福利。为体现企业对培训管理工作的重视，这里所说的福利可以是其他员工无法享受的专属福利。

（三）职业发展

不论是在员工职业发展方面采取任命制、竞聘制还是积分制的企业，员工作为培训讲师的优异表现，都应成为其职业成长的重要参考依据。对于担任内部培训讲师且培训效果良好的员工，应优先给予晋升。

第四节 培训计划的制订与执行

一、如何挖掘培训需求

培训需求分析是企业在设计与规划每次培训活动前，针对各部门及其员工要达到的目标、所需的知识和技能等方面，与现状之间进行的系统分析、鉴别与差距分析，用于确定是否需要开展培训及需要何种培训内容的管理活动。

（一）如何找准培训需求

培训管理者只有挖掘出真实的培训需求，才能对症下药，取得最佳的培训效果。培训管理者要准确找出培训需求，可以参考如下公式：

需求 = 期望 − 现状

这个公式是培训需求分析的核心公式。从这个公式中，培训管理者应当能够明晰培训需求分析到底要分析什么。培训需求分析，是找出企业、部门、员工，或者说企业的最高管理层、各部门管理层以及员工个人的期望与现状之间的差距。

【案例】

有一位女士，觉得自己体重较重，想要减肥。于是，她找到了一家能够帮助客户减肥的减肥中心。这时，这位女士的需求确认了吗？没有！

目前只知道这位女士有减肥的需求，但这并非一个准确而有效的需求。假如这位女士现在的体重是 140 斤，她想在 3 个月后，把体重减到 100 斤。这 3 个月的时间以及体重由 140 斤到 100 斤之间 40 斤的差距，就是这位女士对于需求的想法，这时，需求找准了吗？没有！

这里的 140 斤和 100 斤，都是女士自己说的；这个数据还需要一个工具来准确测量，这个工具就是电子秤。而且这个工具，最好是唯一的，因为不同的电子秤可能在测量体重上会存在一定的差异。女士家里的电子秤和减肥中心的电子秤对同一时刻、同一个人体重的测量，结果可能不完全相同。这里应以减肥中心的电子秤测量的结果为准。

采用统一的电子秤还有另外的作用，即这位女士在减肥过程中能够通过电子秤的数据实时得知自己当前的体重，明确自己离目标之间的差距。这样不论是减肥中心还是这位女士都能清楚减肥的进度。通过这种反馈方式，她可以每天鞭策自己达成该目标。这时，需求确认了吗？还是没有！

目前只是女士单方面说出了自己的要求，减肥中心还未发表对这个要求的意见。女士来到减肥中心，说出了自己的要求，到电子秤上称完体重后，发现电子秤显示女士当前确实是 140 斤。但是根据健康人体身高和体重的比例，这位女士减到 110 斤已经是她身高对应健康体重里的最低值了。即到了 110 斤之后就不需要再减肥了，再减对这位女士来说就是不健康的。

这时，减肥中心告诉这位女士："我们这里可以接受您，但我们建议您最多减到 110 斤。我们有明确的规定，最多只能帮助您减到 110 斤，也就是减重 30 斤；而且我们不建议在 3 个月之内完成，因为这也是不健康的，建议这个计划在半年内完成。"

女士听完减肥中心的意见后，认为可行，因为她也希望健康减肥，于是双方达成了共识。女士的需求是以减肥中心的电子秤测量结果为基准，在半年时间内，体重由 140 斤减到 110 斤（减肥 30 斤）。这时，需求才算最终确认。

点评：从女士减肥这个案例中，培训管理者能够明晰培训需求分析的整个流程。从最初的提出需求，到测量需求，到分析需求，再到确认需求，这便是培训需求分析的过程。并非只要需求被提出，企业就要满足，企业务必要通过培训需求确认的过程来确认培训需求。

在企业中进行培训需求分析，也是同样的道理。培训管理者要先了解最高管理层、各部门管理层以及员工个人需求的想法，然后再借助一些管理工具，将这些需求量化，使其具备可实施性和可操作性，并且在未来同样能够被衡量；接着对培训的需求进行具体的分析、沟通，最终形成确认的需求。

【案例】

在某生产制造企业的某个车间内，当前某工序生产操作工人的技能水平为平均每天生产 100 件某产品，这是现状。该企业的生产经理期望在 1 个月的时间内，将这个工序所有工人的生产效率提升至能够每天生产 120 件该产品。

经过该企业培训管理者的调研，发现该生产经理的这个期望目标并非毫无依据。在该岗位上，有一部分员工甚至每天最高能够达到生产150件该产品的速度。而这种速度，不仅仅与从事该岗位操作工人的熟练程度有关。培训管理者通过调研，发现这种生产效率的差距主要与生产操作工人的作业方法和流程直接相关；而这种作业方法和流程能够被操作工人快速学会，并且有可能在1个月的生产实践中，经过不断练习、操作、内化而转化为操作工人的习惯。

点评：以上案例中培训需求就较为明确了——在1个月内，将该生产工序上操作工人的平均生产效率从平均每天生产100件该产品提升至平均每天生产120件该产品（生产效率平均每天增加20件）。

（二）培训需求分析的注意事项

即便完全领会了这位女士减肥案例的精髓，在实践操作环节，培训需求分析仍容易出现问题。为了精准地进行培训需求分析，培训管理者在实施培训需求分析时，需要注意以下三个方面的问题：

1. 找问题

培训需求分析要求培训管理者找出企业、部门或员工待解决的核心问题究竟是什么，找到他们期待达成的目标是什么，他们期望的效果是什么。在找问题的层面，培训管理者相当于要找到病根，然后对症下药。

2. 定内容

定内容指培训管理者通过对问题的排找，确定和分析哪些事项可以通过培训解决，哪些事项通过培训无法解决。培训管理者可以从态度、知识和技能三个层面进行分析。

这里需要注意，培训并非能解决所有问题。比如并非所有的态度问题都能通过培训解决，并非所有的技能问题都一定需要通过培训解决。同样的问题对于不同员工来说，有的通过培训能够解决，有的却不能解决。

3. 定对象

当培训管理者确定解决这些问题需要哪些人接受何种培训和学习之后，接下来就要弄清楚这类参训人员具有什么样的共同特征，包括个性、共性能力、风格、态度等基本信息。另外，还有一些其他的培训辅助信息，比如培训时间、培训地点、培训方式等，都需要在培训需求分析时一并考虑清楚。

（三）培训需求分析的方法

很多人一提起培训需求分析方法，第一时间想到的便是问卷调查法。先编制一个培训需求调查问卷，然后将该问卷发给全企业的人，再依据回收后的调查问卷信息整理得出培训需求调研结果。这种通过培训需求调查问卷得出的结果，由于基于大量的数据信息，往往能做出一份十分漂亮的培训需求调查报告。

如果培训管理者在企业中仅用这一种方法做培训需求调查，往往有效性欠佳，而且往往无法解决企业最根本、最需要解决的问题。因为调查问卷通常很少能发到企业的中高层管理者手中。即便发到了，他们通常也不填写；即便答了，培训管理者在统计时也很少会把中层管理者和高层管理者的意见单独梳理分析。所以，最终问卷调查法中的问卷往往大部分都是基层员工填写的，而且很难保证员工填写问卷的质量。

培训管理者只有将企业三个层面（战略层面、任务层面、个人层面）的培训需求全部调研完整，才能说培训需求分析工作做得足够到位。根据培训需求分析三个层面关注的侧重点不同，确认培训需求的方式也有所差异。

战略层面的需求信息往往源自企业高层。要获取这类信息，培训管理者可以通过参加企业的高层会议或者直接与高层管理者面谈。倘若这种机会较少，可以通过研究企业战略相关的重要文件、企业重要会议资料、重要的咨询报告、企业的纲领性文件等档案资料来获取。

任务层面的需求信息一般来自企业的中层管理者。要获取这类信息，培训管理者可以通过小组访谈法、绩效分析法、工作观察法、关键事件法、经验判断法等方法，或者参考对各部门胜任力的测评结果。

个人层面的需求信息一般源于基层员工。要获取这类信息，培训管理者除了运用常见的问卷调查法之外，还可以运用小组讨论法、工作观察法、绩效分析法、专项测评法、关键事件法等方法。

实操过程中，常见需求分析方法可以归类为八种，这八种不同培训需求分析方法的功能性与适用性比较如表 4.4 所示。

表 4.4　培训需求分析方法的功能性与适用性比较

需求调研方法	员工参与度	管理层参与度	所需时间成本	量化程度
绩效分析法	中	高	中	高
小组访谈法	高	低	高	中
小组讨论法	中	中	中	中
问卷调查法	高	低	低	高

续表

需求调研方法	员工参与度	管理层参与度	所需时间成本	量化程度
工作观察法	中	低	高	中
关键事件法	高	低	高	高
档案资料法	低	低	低	中
专项测评法	高	低	高	高

1. 绩效分析法

绩效分析法是依据部门或员工绩效结果所暴露的问题，根据绩效的薄弱环节，找出某类员工对应的知识或技能需求，从而得出培训需求。

绩效分析法的优点是以绩效为导向，对绩效问题的改善针对性强，缺点是绩效更多体现的是结果。而培训主要影响的是过程，从过程到结果需要对因果关系进行判断，而因果关系并不容易直接判定。

2. 小组访谈法

小组访谈法是通过组织访谈小组与被访谈人面对面地交流和谈话来获取培训需求的信息。还有一种是单独访谈法是不通过小组的单独访谈。不论是小组访谈还是单独访谈，要注意把问题摸清楚，访谈过程中最好使用录音笔，并在访谈过程中做好文字记录，以便后续进一步整理分析。

小组访谈法的优点是小组成员之间在访谈过程中能够沟通、讨论，可以减少对同一信息理解上的偏差，缺点是时间成本相对较高。单独访谈的优点是时间成本比较低，缺点是可能存在个人对信息理解上的偏差。

3. 小组讨论法

小组讨论法是成立一个有关培训需求分析的专题小组，在小组内部正式或非正式地讨论培训需求。小组讨论法中的小组成员最好针对某一类人群或某一类问题进行聚焦，优先聚焦于某一个层级的人员。如果要将不同层级的人混在一起讨论，培训管理者则要留意讨论过程中对主题和节奏的控制与把握。

小组讨论法的优点是能够通过头脑风暴迅速地查找、发现问题，通过过程中的意见碰撞，在聚焦问题的同时能够迅速地形成解决方案；缺点是如果层级较高的人员仅通过小组讨论聚焦培训需求，可能会出现脱离实际的情况。

4. 问卷调查法

问卷调查法是很多企业最常采用的方法。这种方法是设置一个标准化的调查问卷，让员工依据调查问卷进行打分或选择。调查问卷的对象可以是针对某一类人的，也可以是针对一个人的。调查问卷的形式可以是纸质问卷，也可以是电子问卷，还可以通过电话调查的方式。

调查问卷法的优点是能够同时针对众多人员，资料来源较为广泛且节省调研人员的时间，缺点是难以保证调查问卷结果的真实性和准确性。同时，填写调查问卷的人可能并不了解调查问卷背后的真实意图，培训管理者无法去澄清问题，容易导致人们在填写时产生误解。

5. 工作观察法

工作观察法是培训管理者到员工实际的工作岗位上进行调研和观察，过程中可以和员工一对一地交流沟通，了解其问题和需求。对某一类岗位实施工作观察法时，最好找一位对这类岗位比较熟悉的人一同前往，以便培训管理者快速理解这一岗位。

工作观察法的优点是培训管理者能够最为直观、直接地了解到岗位的实际情况，针对实际问题，聚焦培训需求；缺点是工作观察法通常仅能代表较为微观层面的需求，而且这种方法聚焦培训需求的效果受制于对该岗位的理解。

6. 关键事件法

关键事件法是通过分析影响企业战略目标或业务开展的、较为关键的、起到一定积极或消极作用的事件。当企业发生这类事件时，可以收集到需求信息。比如当企业某类产品受到客户的严重投诉，针对这一事件，培训管理者能够了解事件背后潜在的培训需求。

关键事件法的优点是培训管理者能够依据对企业有较大影响的事件改进企业的运营流程，与企业经营发展的相关性较为密切；缺点是一些关键事件的分析过程往往较为复杂，可能很难在短时间内得出正确结论，也很难在短时间内实现有效的改善。

7. 档案资料法

档案资料法是利用企业现有的资料来进行培训需求分析。比如对高层会议纪要，或者战略指导书等文件进行分析便是一种档案资料法；另外对员工的岗位说明书、任职资格、岗位阶段性报告等进行分析，同样属于档案资料法。

档案资料法的优点是无需管理层和员工的参与，降低培训需求分析占用部门和员工的时间成本；缺点是没有沟通交流，仅通过文字资料可能会与实际情况存在偏差。另外对资料的解读也需要具备一定的信息基础、认知基础、能力基础以及经验基础。

8. 专项测评法

专项测评法是针对某一个具体的问题或领域，依据某一套标准，设计一套标准的统计分析量表。通过这套量表对需要调研员工的某种技能、某个观念或某项素质进行定向测评，再依据得到的结果，进行培训需求分析。比如胜任能力评估便是专项测评法的一种。

专项测评法的优点是专业度较高，如果能有效运用，测评的结果往往具有一定的信度和效度；缺点是由于这种方法的专业度高，需要培训管理者具备一定的能力基础，否则无法得出准确的结果。

二、如何制订培训计划

当培训管理者确认培训需求之后，制订培训计划就相对容易了。管理者可以根据需求制订团队的年度培训计划，如表 4.5 所示。

表 4.5　年度培训计划表

序号	培训类别	培训名称	培训形式	举办部门	参训人员类别	培训人数	培训时间	培训内容	培训讲师	需要资源	评估方式	培训教材	培训地点	培训费用	备注

三、如何实施培训计划

培训的执行实施是确保培训效果的基石，而培训组织的质量对成效至关重要。如果没有有效的培训实施，无论培训资源多么优质、目标多么明确、方案多么完善，参训者的体验都会受到影响，最终可能引发其不满。因此，为了提升培训体验和效果，必须重视培训的每一个环节，以确保高质量的实施培训计划。

（一）培训准备环节的操作步骤和注意事项

在培训准备的环节，工作步骤可以包含如下四步：

1. 发送培训通知（培训前 10 天）

初拟培训的时间、地点、方式、内容、名单等信息，提交给相关部门负责人审核；经沟通确认后，再报决策层领导审核；确认所有信息后，拟定培训通知。要注意培训通知的文号、格式、字体，发送后需登记备案。

通知若是通过内网系统、邮箱或者公示栏发布，需要留意——可能由于出差原因或者并非每个参训人员都有邮箱，也不是每名参训人员每天都会注意看公告栏，所以通知下发后，一定要打电话确认，以确保信息有效传达。

2. 确定培训课程并联络讲师（培训前 7 天）

培训课程和培训时间确定无误后，需制定培训的流程。一般应提前一周与培训讲师沟通，要让培训讲师有充足的时间准备，同时培训讲师的课件也要提前审核。当培训需要考试时，要提前告知培训讲师，提前沟通好考试内容和时间等安排。

3. 准备培训资料（培训前 2 天）

在物资准备方面，最快捷、有效且不容易出现错误或遗漏的方法是先召开小组会议，列出本次培训所需的全部工具、道具、模型、设备等物资的清单，将已经准备好的物资和经测试确认可以正常使用的设备在清单内画“√”。注意，培训用的麦克风、音响、电脑、投影仪等设备，除正常用量外，还需要多准备一套应急。

要准备相关数据报表或文件的，需提前向财务部门申请获取。拿到数据之后，要进行适当的筛选、整理和加工，使表格数据清晰易懂。培训中有考试题的、需要人手一份培训纸质资料的，要提前打印或准备。提前打印培训需要的评估问卷。这里还要注意：需要打印分发的资料，为避免出现异常状况，应适当多打印几份。

培训过程中用到的课程 PPT 文件、视频资料、音频资料等相关电子版文档，需在培训前 1 天拷贝到培训用电脑上，并逐项测试，确保其正常可用。同时，准备一个 U 盘或硬盘，将所有电子版资料拷贝备用。这里要注意：若无特殊情况，在培训开始之前，调试好的设备不要用于与培训无关的事情。

4. 准备培训须知

培训须知（指南）是对本次培训的目的、意义、安排、预期目标、注意事项等的提示。这些需要制作成一份完整的说明材料，在参训人员到齐，培训开始前进行宣读或张贴。如果时间紧张，也可随培训通知提前发给参训人员，或在参训人员陆续到场，培训开始前投影在屏幕上。

（二）培训实施过程的操作步骤和注意事项

在培训实施的环节，工作步骤可以包含如下四步：

1. 签到及资料发放

培训组织人员需提前 1 小时到达会场，在固定地点设置培训签到处（通常为会场入口处），并设置醒目的标识。倘若有培训期间用到的纸质资料、数据资料等，应提前发给参训人员，以便参训人员提前做好预习。

2. 维持培训纪律

在培训开始时首先要宣读培训须知，并明确培训过程中的纪律要求。培训过程中关注全场，时刻检查参训人员的纪律遵守情况；如有严重违反培训纪律的行为，可以在记录后按照培训纪律的规定处理。

3. 与培训讲师持续沟通

在培训期间如果有多位培训讲师授课，一定要规划好每一位讲师的授课时长；要有充足的时间与下一位讲师沟通，让其有足够的时间前往培训地点等候。同时，要控制讲师的授课时间，在预定结束前 15 分钟、5 分钟时分别给予提醒。若无特殊情况，超过预定时间 15 分钟后，须礼貌地打断，以免下一位讲师等待时间过长。

4. 培训服务工作

培训进行中要做好现场管理，主要包括对讲师的服务（茶水、教具）、对参训人员的服务以及培训的摄影、录像等相关服务工作。若有需要就餐的情况，要提前与培训基地餐厅或者外部送餐单位沟通，以使备餐部门有充足的时间准备。

（三）培训结束之后的操作步骤和注意事项

在培训结束之后，工作步骤可以包含如下四步：

1. 整理培训试卷

对于培训试卷要认真批阅并留存备查，成绩汇总后，提交给相关部门负责人审阅，并存入个人档案。若有人力资源管理系统，需录入系统备案。对考试成绩不合格者，应组织相关人员进行补考；或视作培训不合格，参加下一期的培训。

2. 整理培训评估问卷

对于培训评估问卷的整理，务必要注意细节。要仔细检查每一份问卷，如有无效问卷要及时剔除，确保数据真实可靠。调查结果汇总完毕后，形成最终数据和结论，上报给相关领导。汇总完成的评估问卷存入本次培训档案。有的培训讲师基于培训课程的需要，会给参训人员布置作业，也要及时收集并整理。若有未按时上交的，要与相关参训人员确认未上交的原因，并催促其及时上交；如仍不提交的，可在培训总结报告中注明，或报告相关领导，依培训须知处理。

3. 培训总结报告

培训总结报告包含两方面内容：其一，参训人员关于本次培训的总结报告，收集后归入参训人员的培训档案；其二，培训部门对于本次培训的总结报告，包括培训档案、培训成绩、培训评估问卷总结等与本次培训相关的资料。

4. 整理培训档案

培训档案是重要的人事档案，由人力资源部统一分类保管。完整的培训档案包括但不限于：培训签到表、培训反馈表、考核试卷、培训档案卡、培训心得、培训座谈记录表、行动改进计划表、培训评估问卷、培训跟踪与辅导表、培训总结报告等。

其中，培训档案卡应按部门分类存放，培训签到表、培训反馈表、考核试卷、培训心得、培训座谈记录表、行动改进计划表、培训评估问卷、培训跟踪与辅导表、培训总结报告等按照培训类别及时间先后顺序归档。

第五节
如何培育与辅导下属

培育和辅导下属是管理者职责中的关键部分。但在实际管理过程中，这一职能往往被忽视。一些管理者在抱怨下属能力不足的同时，却不愿意投入时间和精力去培育他们。尽管有些管理者认识到了培育下属的重要性，但在实际操作中效果并不理想。他们缺乏简单有效的指导方法，导致尽管不断进行教育和辅导，却难以达到预期的培养效果。

一、培育与辅导的原则

许多管理者在辅导下属时，往往有意无意地会向下属阐明利害关系，站在企业利益的立场上，对下属宣贯或重申企业的管理意志与要求；所不同的是将平日里按部就班的硬性“管理”方式，切换到相对缓和的“辅导”场景中加以应用。

试想，当你“就事论事”地与下属谈论薪水、职位、对领导的态度以及协作这些话题的时候，即便你的用词极为含蓄，语气十分委婉，也改变不了作为企业代言人、“以企业利益为中心”的基本立场。你不过是在遵循“胡萝卜加大棒”式的管理逻辑，借助企业既定的管理制度和奖惩举措对下属阐明利害关系，并期望以此对下属产生吸引或震慑效应。但仅靠这种“晓以利害”式的传统管理方式去对待现如今的新生代员工，极有可能毫无成效，甚至适得其反。

在针对具体员工进行辅导或沟通时，管理者应站在员工利益的立场上，以“尽心尽力帮助下属发展职业”为出发点，将企业的管理意志与要求转化为能帮助下属实现个人职业发展目标的行动计划，并督促和跟进下属去落地执行。只有这样对下属做到“情理交融”，才可能与硬性的制度化管理手段相辅相成；最终实现企业发展与员工成长的“双赢”目标，也才不至于让下属感觉自己的上级不过是在敷衍地讲讲“大道理”、说说“体面话”而已。

当管理者本着“尽心尽力帮助下属发展职业”的出发点与下属沟通时，会对下属的工作改进与能力提升迅速产生“杠杆式效应”：下属会逐渐意识到，按照企业的管理意志与要求行事，首先对自己的个人职业发展大有裨益。有了这样的认知后，下属的工作与学习内驱力就会增强。随之而来的结果就是，下属会自觉地加强学习并改进工作，企业也必将客观地受益。

那么，在辅导下属成长时，管理者怎样才能做到“尽心尽力帮助下属发展职业”呢？可以遵循以下三个原则：

（一）始终对下属满怀关爱与相信之心

首先，任何不基于真正关心下属成长的辅导行为，都可能只是表面的说教或训诫，下属可能会感觉自己仅仅是上司用来实现团队业绩的“工具”。这样的辅导方式很难触及下属的内心，从而难以激发他们改善工作行为，也就难以实现预期的辅导效果。

其次，如果管理者一开始就先入为主地认为某位下属是“扶不起的阿斗”，实施辅导不过是迫于企业的要求或仅仅是形式上履行管理职责，那么其最终的辅导效果一定不好。因为当下属感觉到自己不被看好和信任时，他是不可能按照辅导者的意愿来改变思想与行为的。

（二）理解下属的认知和行为误区

下属的学习成长与工作改进，从来都不是一蹴而就的。管理者不仅要全方位了解下属过往的职业发展历程、个人职业经验与能力特质，以及下属面临的职业发展障碍或瓶颈等现状，还要设身处地理解下属的某些认知和行为误区，要有打“持久战”的心理准备和行动预案。

简单来讲，管理者既要目标坚定地助力下属成长，又不能忽视下属工作改进与能力提升过程中的基本规律（比如，要理解有些下属的所谓“笨”，要能容忍下属适当试错或阶段性地做得不够好，甚至出现退步的情况）。

（三）让下属了解职业发展的真相

当员工不明白自己为何而忙碌，或者不清楚自己当下究竟值“几斤几两”，或者不知道该怎样才能得到自己想要的东西时，就往往会在具体细节或事件上以“夸大不满程度”的方式来宣泄某种情绪。让下属了解职业发展的真相后，能够从根源上增强下属的学习与工作意愿，并逐渐促使他们自觉地加强学习和改进岗位工作。

让下属了解职业发展的真相，大体应包括三个方面的内容：一是要让下属走出一些常见的职业认知误区，比如下属可能认为职业成功有捷径可走、人脉关系决定职业成功、选择永远大于努力等；二是要让下属合理认知工作的目的及其实现过程，包括驱动个人职业命运发展的核心能力条件，以及组织内外部职业地位升迁的法则与路径等；三是要让下属将追求个人职业成就的远大目标与当下的岗位工作紧密联系起来，以促使他们能够脚踏实地、基于现实的岗位工作来提升自己。

二、培育下属的核心能力

作为管理人员，如何培育下属是必须具备的核心技能之一。管理者若学会了有效指导下属，让他们能够快速掌握工作技巧，成为岗位上的专业人才，团队的战斗力将会变得强大无比。培育下属是管理者的重要职责，一名好的管理者，必须具备这项能力。

（一）培育下属的六个思想障碍

既然培育下属对企业至关重要，为何许多企业仍然难以投入足够的资源来实施培育呢？其中既包括观念上的挑战，也存在实际的障碍。现将几种典型的情况说明如下：

1. 缺少时间

管理者没有时间，这当然是个看似合理的理由，但会造成恶性循环：下属越是能力不足，管理者越是不敢授权，结果导致管理者更忙，下属更帮不上忙的现象。通常培养下属在企业中属于重要但不紧急的事，因而往往被忽略。所以解决的办法便是彻底认识到培育下属的重要性，并且依照其重要性，将其纳入组织的任务清单中优先执行。

2. 自己做比较快

相对于企业中的多数任务，管理者的熟悉度以及掌握度都比下属好很多，因此许多管理者缺乏耐心指导，或不放心交给下属去做。结果事必躬亲，下属无法得到培养，也缺乏参与感，更无法感受到组织对他们的信赖。这时管理者可以先从次要任务，或是下属已经能够承担的任务开始，逐步教导下属来完成，从而实现这些工作任务的转移。

3. 教会徒弟饿师傅

中国自古有“留一手”的习惯。过去的社会信息闭塞，进步缓慢，而且靠个人手艺或功夫便能生存，甚至一辈子都有保障。可是，现代化的社会进步迅速，环境复杂，不是任何一个人单打独斗就能成功的。因此不赶快把下属培养好，可能连师傅的饭碗都难保。因为无法发挥组织的效能，部门绩效不佳，管理者就要下台。

4. 下属教不会

这有两种可能：一是下属不具备可培养性，二是指导技巧不足。前者必须在招聘时就进行过滤，或是在组织中运用测评工具提前评估下属的潜在特质，以便择优培养。技巧方面则是管理者自己要锤炼的功夫。

5. 担心人员流失

有时培养下属，结果成了对手的人才。当然，人才的流动会带来痛苦，甚至给公司造成损失；但不能因此就拒绝用人，或是停止培养人才，这会导致以正确的理由做出错误的事。就像农夫遇到天灾不愿再耕作，船员遇到风浪不再航行一样。当然，培养人才必须同时考虑到此人的忠诚度、人格特质以及公司人才发展策略，方能达到综合效果。

6. 认为培训不是管理者的义务

培训部门的职责是负责公司整体的培训工作，但是管理者更需要承担培育的责任。著名未来学家约翰·奈斯比特曾经说过：“过去的管理者是个监督者，现在的管理者必须是下属潜能的开发者。”特别是组织中许多实战性的任务，在工作中进行指导效果会更好。

（二）提高下属意愿的四个方法

培育下属大致可以分为意愿与能力两大方面。意愿指的是一个人面对某项任务时的投入意愿、专注程度以及持续力；能力指的是知识、经验加上技巧。提高下属意愿可以从以下几个重点入手：

1. 让下属了解所做事情的意义与重要性

人们喜欢做有意义的事，因此就整个企业而言，企业的宗旨与发展愿景便是吸引员工的主要核心。

2. 增加参与的机会

不能只是交代任务，还要增加讨论、沟通的机会。

3. 提供必要的信息与资源

下属愈了解情况，愈能做出正确的判断，或是减少错误。提供资源可以提升成功的概率。

4. 肯定成就，奖惩公平

对于所从事的事情能得到公正的评价与合理的奖惩，可以促进下属的热情与积极性。

（三）培育下属的四大技能

1. 思维技能

现代化的企业由过去脑力与体力截然分离的状况，发展到了逐渐需要员工手脑并用。因此组织要具备竞争能力，下属的思维也就必须要经过有效的训练。

2. 管理技能

企业的资源必须靠高效的管理进行最有效的组合。管理也是保障组织运作顺畅、任务有效执行的基本要素。基础管理能力必须是人人都要掌握的功夫。

3. 人际技能

组织是人的组合体。无法与其他人和睦相处的人，不论能力多强，都会成为组织的麻烦与障碍。在以和为贵的中国社会尤其如此。

4. 专业技能

演员必须演什么像什么。同样在企业中，无论担任何种职位，都需要展现出相应的专业水准。这种能力，主要体现在个人专业技能上。

（四）培育时机的四个选择

所有的工作场景与任务执行过程，都是培育下属的机会。但严格而言，有几个时机是特别重要的：

1. 事前——岗前培训，交办新任务之前，接手新职位之前，授权之前。

2. 重要——特别重要的，需要高正确度的，不容许有差错的，以及情况比较复杂的事情。

3. 错误——下属错误，其他部门错误，或是同行的错误等。

4. 系统——定期、不定期地系统化培养。

三、辅导下属的流程

管理者对员工进行辅导应做到随时、随地、随人、随事的。要及时观察员工的行为，发现差异；与员工沟通，说明重要性；提出改善意见，示范演练；最后要让员工按要求去做，并养成习惯。这就是员工培育的核心流程。接下来我们就详细分析一下每一个步骤：

辅导＝观察行为＋发现差异＋与员工对话＋说明重要性＋提出改善意见＋示范演练

（一）观察行为

管理者一定要掌握一线的第一手信息，这样才能及时发现问题，采取相应的应急或改善措施。管理者一定要走出自己的办公室，多去一线看看，去看看业务进展怎样，看看你的员工如何做事。

通过自己观察，就不至于被一些报告或文件蒙蔽，失去自己的判断，从而作出错误的决策。很多老板喜欢在一些重要的部门安插自己的“眼线”，就是因为他们都想做一个“耳聪目明”的领导。

员工辅导也一样，要亲自去观察员工的行为。就像运动员在训练的时候，教练一定在用心地看，看他有没有按规定的动作在做。生产线的员工在生产线做工的时候，总有组长或是线长不停地在现场巡视，观察他们的动作，看看是否按要求在操作。

（二）发现差异

管理者一定要具备对差异的敏感性，要能够及时发现差异。如果工作都按既定计划顺利进行，管理者可以很悠闲，但一旦出现异常，管理者一定要紧张起来，去寻找差异的原因所在，弄清楚是员工自身的问题，还是工作流程有问题，抑或是外部的什么原因。找到原因后，要深入分析为何会出现此类状况，怎样做才能避免再次出现此类情况。

生产线的班组长如果无法识别员工工作中的问题，只是漫无目的地巡视，那么他显然不是一名合格的班组长；质量检查人员如果不能及时发现产品中的差异和问题，可能会导致大量不合格产品的产生；管理者如果无法辨识下属的工作表现与绩效标准之间的差距，就无法有效促进下属的职业发展，也无法推动团队整体绩效的提升。

（三）与员工对话

当出现差异时，管理者必须与员工进行充分且深入的沟通，了解员工的真实想法和事情的实际情况。由于每个人所处的立场不同，对同一事件的看法、理解和行为自然有所差异。同一个指令由不同的人执行，可能会产生不同的行动和结果。这种情况往往是由于指令发布者与执行者之间沟通不充分、认识不一致造成的。与员工进行对话的目的就是解决这一问题。

通过对话，也体现了对员工个体的尊重。如果只是以命令的方式让员工改变其自认为合理的做事方式，员工就会有抵触情绪，执行的效果会差很多。

（四）说明重要性

促使他人改变现有行为远比他们自发改变要困难得多。管理者需要帮助员工意识到差异，并阐明这些差异可能带来的后果以及改变的重要性。一旦员工理解了这些，他们自然会产生改变的内在动力；同时感到一种压力和紧迫感，这将促使他们自然而然地开始改变行为。

（五）提出改善意见

当员工明白了问题的严重性后，管理者应当明确指导他们正确的做法，并提出具体的改善意见。如果管理者仅指出员工的错误而不提供解决方案，员工可能会感到困惑和无助。一些管理者常犯的错误就是在员工犯错时严厉斥责，然后简单地丢下一句“你自己解决”。这种做法很可能让员工感到极度沮丧和愤怒，甚至产生强烈的抵触情绪。

（六）示范演练

人们常说“喊破嗓子，不如做出样子”，榜样的力量是无穷的。如果在管理者提出改善意见后，亲自做出示范，那员工的印象就会非常深刻。餐厅的大堂经理要教新员工如何上菜，除了讲清楚要点外，最直接有效的做法就是亲自示范给员工看；这样员工学得最快，效果也最佳。

其实企业的行为方式也是如此慢慢形成的，老板将自己的理念不断地通过自身的言行灌输给核心管理层；核心管理层再依此传递，传给中间管理层；管理层再传递给员工，就形成了企业文化最重要的一部分。

上述内容概述了员工辅导的完整流程及其关键环节，可以视为员工辅导的“通用模板”。作为管理者，掌握这一模板能够显著提高辅导下属的能力。在实际工作中，管理者不仅要理解这一模板，更要不断实践和应用，使其成为自身的思维和行为习惯，从而长期受益。

四、下属工作技能教导

（一）工作教导的意义

【案例】

小刘是焊接车间成车侧围班组的一名新进员工，经过培训后顺利上岗了。但在随后几天的工作中，交验班组反映侧围中立柱边框焊点分布不均匀的情况，于是将问题通报给了小刘的班组长，班组长便找小刘谈话：“小刘呀，后工序反映你打的焊点分布不均匀，是怎么回事呀？”

“焊点不均匀？我打够25点了呀，而且焊点位置都是师傅教的，师傅说大概就是这些位置，差点也没关系。”小刘回答道。

“怎么会没关系？你前一个焊点向左偏、后一个焊点向右偏，那焊点当然分布不均匀。你不会看下作业指导书吗？”班组长有些生气地说道。小刘委屈地想：“作业指导书是说要分布均匀，但师傅说只要按他教的做就不会错，我到底该听谁的？”

点评：在工作现场，管理者会遇到各种情况。其根本原因在于培训下属时工作技能的标准不统一，下属不知道该听谁的，导致下属不清楚正确的做法究竟是什么。因此，统一工作指导标准是团队管理者的重要职责。工作指导不仅适用于新员工，老员工同样需要持续的工作指导。新员工包括刚刚开始工作者，以及从其他企业、部门转过来的工作者，不仅需要指导其知识与技能，还要指导其进行文化认同、工作习惯的校正。老员工的指导时机包括伴随晋级、岗位调换等职务变更、工作方法（手段、程序、材料）发生变更、生产或业务计划发生变更、打算彻底贯彻标准作业、工作迟缓、经验不足等。

1. 员工训练计划表

在开展工作教导之前，必须制定详细的训练计划表，不能随意开展教学。首先需要明确培训对象，包括新员工、转岗人员或多能工（即一人能胜任多个岗位，或一个岗位有多个员工能操作）。这一点必须清晰界定。同时，还要确定培训的具体工作内容，通常不会涉及通用技能的培训，因为参与培训的管理者应已经掌握了这些技能。因此，管理者主要负责员工的上岗培训，即具体的岗位操作内容。最后，培训的完成时间必须明确。一旦设定，就必须执行，这是计划中不可或缺的部分。

所以员工训练计划就是解决三个问题：训练谁？训练哪些工作内容？何时完成训练？并填写训练计划表，如表 4.6 所示。

表 4.6　训练计划

某甲机械部（4 月 1 日）	转孔	搪孔	铰孔	光面	车斜度	磨	人事调动 工作不良
赵大	√	√	√	√	√	√	
钱二	√	√	√	√	4 月 25 日	√	
李四		√	√			√	
周五	√	△ 4 月 15 日				√	
吴路	√	√	√			√	
郑企	5 月 10 日					√	
生产需求（服务需求）	5 月新增一名员工						
工作分解编号	3	1			2		

如何填写训练计划表？

① 填写部门主管姓名、部门名称、填表日期；

② 列出部门工作项目；

③ 列出部门人员姓名；

④ 分析各自会做的工作；

⑤ 依人事异动、工作不良、生产需求确定培训的需要；

⑥ 计划要接受指导的人和完成时间；

⑦ 填上工作分解编号（准备工作分解表）。

计划表的最下面有一个工作分解编号。即需要对每一项工作技能进行分解，下面将详细介绍如何对工作进行分解。

2. 工作分解表

工作分解并非将所想到的每一细小步骤、要点、动作、注意事项全部写出来，也不是工作方法的说明书，更不是给员工的工作指导单。工作分解完全是供教导者（也就是担任工作教导的人员）自己使用的一种备忘录。工作分解的目的是使教导者能将工作经验有条不紊地整理后，牢记于心。

确认依照这种方法是否能够让员工正确地学会工作。工作分解包括三块内容：

① 主要步骤：是在逐一考虑某一工作的执行顺序时，以常识观点选取出来的一系列简明扼要的重要动作。

② 要点：是能正确执行一个步骤的方法，就是这个步骤如何做。

③ 理由：完成某一步骤时为什么要这样做，这样做的理由是什么，理由有三个方面，有关成败、安全和易做。

表 4.7、表 4.8 分别为工作分解表、防火工作分解表（示例）。

表 4.7 工作分解表

________工作分解表 工作：________ 原材料：________ 设备工具：________	
步骤（需简洁、明了，用“动词 + 名词”即可；建议在步骤名称后用括弧表明此步骤一般需要的时间）	要点（要点的三条件）： 1. 成败—对作业程序或品质有影响的动作 2. 安全—会伤害操作员的动作 3. 易做—特殊的手法或操作上的小窍门
1.××××	1.1 ××××××××（安全） 1.2 ××××××××（品质）
2.××××	2.1 2.2
3.××××	3.1 3.2
4.××××	4.1 4.2

表 4.8 防火工作分解表（示例）

工作名称：打防火结 物料、材料、零件：双股电线		编　　号： 设备工具：		
重要步骤	关键点	关键点的理由		
		品质	安全	易做
1. 解开并拉直	留出 15 厘米	√		
2. 打一个右环	在电线的前面	√		
3. 打一个左环	① 拉向你			√
	② 在末端之下	√		
	③ 在主环后面	√		

续表

重要步骤	关键点	关键点的理由		
		品质	安全	易做
4. 让末端穿过环	—			
5. 拉紧	① 整齐地抓住绳子的末端	√		
	② 让环下滑	√		
	③ 使之更结实	√		

（二）工作教导四步法

确定了训练计划，做好了工作分解表，下一步便是实际教导。工作教导可采用四步法，具体包括：学习准备、传授工作、尝试练习和检验成效。

1. 学习准备

使学习者轻松愉快，告知他将做何种工作，了解他对这项工作的认识程度；激发他学习这项工作的兴趣，让他进入正确的学习位置。

在这个阶段，指导者要主动与学习者互动，消除学习者的紧张（因为每个人做学生时，都会有些许紧张），激励激发学习者的学习兴趣。指导时让学员站到身后，进入正确的学习位置。

2. 传授工作

一边做给学习者看，一边将每一步骤讲出来，每一步骤的要点讲出来，每一个要点的理由讲出来，耐心地为学习者解答问题。

这个阶段，指导者指导时不要一下子把工作说得很详细。人的大脑接受能力有限，有时候老师说得越详细，学员的压力越大。正确的做法是将工作分成主要步骤（做什么）、要点（怎么做）、理由（为什么）这样有逻辑地去讲。如第一遍只讲主要步骤，第二遍只讲主要步骤 + 要点，第三遍只讲主要步骤 + 要点 + 理由；这样学员就会逐渐接受与理解，同时还要注意不要超过学员的理解能力。

3. 尝试练习

让学习者独立尝试执行任务——操作时若出现错误，纠正错误后，请他们重复执行并阐述主要步骤；再次执行任务时，同时解释各个要点；最后，让他们在执行的同时解释每个要点背后的理由；并通过鼓励和确认，来确保他们已经完全掌握。

在这个阶段，指导者在教学结束后必须确保学员能够亲自实践操作，而学员在尝试过程中犯错是正常现象。这时，指导者应保持友好的态度，鼓励学员，及时纠误。指导者应引导学员在操作的同时，口头说明主要步骤、关键要点及其理由，以验证他们是否已经完全理解。如果发现学员在这个阶段仍未掌握，主管应重复教学，直至学员能够真正掌握所学内容。

如何确保学员真正掌握，需要确定以下四个事项：

① 动作正确；

② 主要步骤清晰正确且能说明；

③ 要点要毫无遗漏地做到说出；

④ 能毫无遗漏地充分说明要点的理由。

4. 检验成效

请学员加入具体工作，指定协助他的人；常常检查与指导，鼓励发问，逐渐减少指导。

即便学员在这个阶段掌握了某项操作技能，也并不意味着已经完全熟练。对于新学会的技能，不能掉以轻心，应尽快安排学员进行现场实际操作。指导者应鼓励学员提出疑问，并作为帮助学员的第一责任人，必要时安排其他人员辅助。指导者需要定期检查学员的练习情况，直到通过考核确认学员已经完全掌握技能，才可以逐渐减少指导的频率。

以上面打防火结的工作为例，完成工作教导的四个步骤（表 4.9）：

表 4.9　工作教导四步法（举例）

1. 学习准备	2. 传授工作（我会演示几次给你看）
你好！工作习惯吗？（表扬）注意身体	演示 1：边说主要步骤边做
根据工作的需要，今天教你打防火结	演示 2：边说主要步骤和要点边做
你以前做过打防火结的工作吗？	演示 3：边说主要步骤、要点和理由边做
这个工作很重要，没打好将引起火灾	你还有没有问题？
你习惯用左手还是右手？请站在我的身后	
3. 尝试练习	4. 检验成效
练习 1：让他默默操作，及时纠正错误	现在有 500 根电线打成结
练习 2：让他边做边说出主要步骤	有问题来问我，我不在可找 ×× 班长
练习 3：让他边做边说出要点	上午我会来 3 ～ 4 次，下午隔 1 小时 1 次
练习 4：让他边做边说出要点的理由	工作和工作以外任何困难和问题都可以跟我说
你合格了！（可以独立操作了）	随着你不断地熟练，我会减少指导你的次数

第五章
团队文化建设

任何一个组织都需要打造自身的文化。企业有企业文化，团队也要有团队文化。团队文化是企业文化在团队层面的具体传承和落地。团队文化建设是管理者一项长期且重要的工作，只有打造了良好的团队文化，团队才能充满战斗精神并长盛不衰。本章主要学习团队文化建设的具体方法，帮助管理者让企业文化在团队内部落地。

第一节
团队文化概述

一、团队文化的定义

当提及团队文化，有人认为它是一种抽象且不切实际的概念，仅仅是一些悬挂在墙上的标语，但这种对文化的理解是不准确的。华为倡导奋斗的团队文化，不只是嘴上说说、喊喊口号，而是看华为的员工是否真正地在奋斗。可见一个团队的文化就是一个团队的整体风气，体现为所有团队成员共性的行为习惯。

团队文化是指团队成员共同认定的思维方式和办事风格，是团队成员付诸实践的共同价值观体系。它是以团队为单元在内部自发形成的，对全体成员具有潜移默化的影响力和凝聚力。

要判断一个公司是否真正拥有奋斗文化，关键在于观察其员工的实际行动。如果晚上走在一个公司办公楼下，所有的办公室都亮着灯，这才叫有奋斗文化。所以文化的价值不在于口头上的表述，而在于实际的行动和实践。

一个企业最好的代言人是普通员工。团队文化最真实的体现就是一线员工的行为和思想。所以王进喜代表了大庆油田、李素丽代表了北京公交、许振超代表了青岛港务局。当团队文化与员工的思想和行为出现不一致甚至冲突时，所谓的文化就会沦为虚假和空洞的口号。

二、团队文化的三大组成

广义的文化由三个层面组成：理念层、制度层和行为层（图 5.1）。

图 5.1　广义的文化三层面

理念文化层：是人类在社会意识活动中孕育出来的价值观念、审美情趣、思维方式等主观因素，相当于通常所说的精神文化、思维意识等概念，是文化的核心。

制度文化层：是人类在社会实践中构建的各种社会行为规范。

行为文化层：是人际交往中约定俗成的以礼俗、民俗、风俗等形态表现出来的行为模式。

团队文化的核心构成也包含这三部分（图 5.2）：团队理念文化、团队制度文化和团队行为文化。

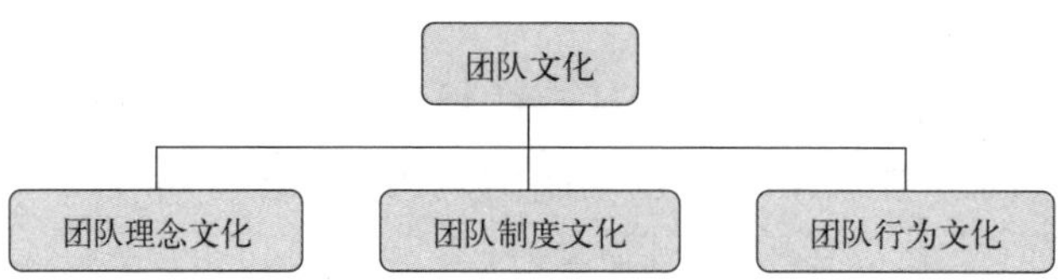

图 5.2　团队文化三部分

（一）团队理念文化

团队理念文化是团队文化的精髓，即团队口号、团队使命、团队宗旨、团队目标、团队哲学、团队价值观、团队精神、团队工作理念、团队安全理念、团队质量理念以及团队绩效理念等。

（二）团队制度文化

团队制度文化是团队文化的基础保障，即被团队成员统一认知并遵循的约定，包括团队公约、团队日常管理规范、团队工作管理制度、团队学习制度、团队安全制度等。

（三）团队行为文化

团队行为文化是团队文化的实践指导，是指团队成员习惯化的行为、举止、用语和礼仪。

第二节 团队文化的重要性

一、团队文化建设的重要性

《论语・为政篇》里面有一句话："道之以政，齐之以刑，民免而无耻；道之以德，齐之以礼，有耻且格"。讲的是当人犯了罪后，如果管理者用行政命令和刑罚制度去惩罚他，虽然会有一定的效果，但人们不会认识到做这样事情的耻辱。而如果用道德文化去感染约束他，人们则会从心里认识到做这种事情的耻辱，而且会自觉地改正。这句话实际告诉我们如果管理者用强硬的制度去管理人，效果只是一时的，过了一段时间后人们还会犯同样的错误。而只有用文化去感染引导人，人们才会自觉地去遵守规章制度。所以孔子认为文化的引导比制度的管理更重要。

管理者通常期望团队能够取得优异的成果，而这些成果往往由团队成员的行为和行动所决定。每个成员的积极行动往往能带来正面的结果，相反，消极行动则可能导致不理想的结果。换言之，团队成员的工作方式直接塑造了工作成果。这一概念正是结果金字塔模型的核心思想（图 5.3）。

团队成员的行为和行动深受其内在信念的影响，即个人的行为往往由个人的观念或价值观所驱动。这些信念和价值观的形成，很大程度上是由个人过去的经历和经验塑造的。例如"安全事故"这个结果是由员工违

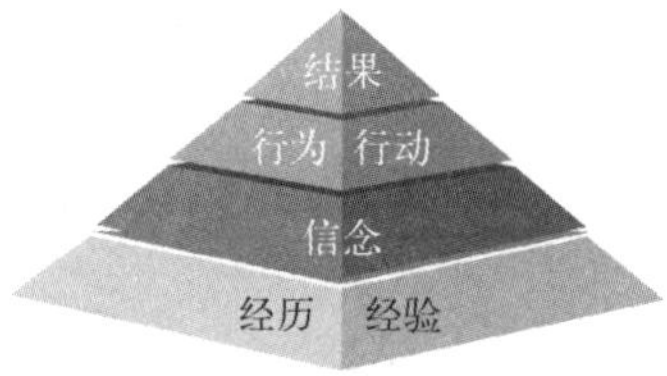

图 5.3 结果金字塔模型

章行为导致的，而员工之所以会违章，是由员工的侥幸心理导致的。那员工为什么会有侥幸心理呢？是因为过去他的违章行为从来没有导致过事故出现，也从来没有见过别人因为违章而导致事故发生，正是他过去的经历和经验导致了他的侥幸心理。如果员工曾经因为违章而受到过伤害或是损失，那他就不会有侥幸心理。所以员工违章，管理者对其进行惩罚，让员工承受一些损失，这样的经历会影响员工的信念，进而影响他的行为。

一般的管理者往往只关注于员工行为管理，即通过制度进行约束。而卓越的管理者则会洞察到更深层次，致力于引导员工的内心信念和价值观；这正是孔子所说的“道之以德，齐之以礼，有耻且格”。改变员工信念和引导价值观的过程，实质上就是团队文化建设的核心。

二、团队文化的四大功效

【案例】

大刘来到磨削班组刚满一年，就被评为优秀标兵。原来，是一个小小的螺母让大刘尽人皆知。厂里接了个几百万元的外贸订单，工期紧、任务重、利润丰厚，却偏偏因缺少一个进口螺母完不成任务。

没有螺母，设备没法用；没有设备，有一道工序就没法完成。紧急购买螺母，工期不允许；影响了工期，客户就要索赔。关键时刻，大刘找出了这个进口螺母，确保按时完成了这个大订单！

大家很好奇，打开大刘的工具柜，都吃了一惊：工具摆放得井井有条。除此以外，还有几个整齐有序的盒子；里面分门别类放满了常人认为没用的小物件，很多都是工作现场遗留下来的工作废料。

大刘说，他所在的班组每个人都会有这么一些小盒子，里面装满了清理工作废料时找到的小螺钉、小螺母，大刘的师傅总说“有用”。师傅是这么做的，师傅的师傅也是这么做的；十几年下来，大家都是这么做的。几个月后，大刘的师傅退休了，大刘也当了师傅。没多久，他新来的徒弟也有了这么一个装满“废料”的盒子。“盒子”成了这个班组的统一标志。

点评：文化规范人的行为，塑造人的品格。一句“有用”是磨削班组价值观最朴素的体现，一个“盒子”是磨削班组最典型的文化标志。正是这种文化影响着师徒几代人的行为——坚持从废料里面找出有用的东西，团队文化还传承着一个稳固的理念——“有用”，团队文化塑造着一个个大刘——在平凡的岗位上做到优秀。

大刘被评为优秀标兵不是偶然，而是团队催生着一个个活生生的文化故事，团队文化也塑造并影响着每一位基层员工。

团队文化建设，简而言之，就是在日常工作中，深入挖掘员工的精神和事迹，以达到引导人、规范人、激活人、塑造人的目的。

团队文化的作用和功效可概括如下：

（一）变“管理人”为“引导人”

文化管理是团队管理的最高境界。文化就是引导力，团队文化能够引导员工消除隔阂，化解矛盾冲突，最终走向统一。管理者要做员工发展的“指路人”，而非时刻监督他们工作的“挥鞭人”。

（二）变“约束人”为“规范人”

员工职业化问题是中国企业面临的难题之一。企业内部领导层抱怨最多的也是员工缺乏职业化意识，“规范”往往被“随便”破坏。而团队文化就是培养员工职业化素质的工具。人很难被改造，也很难被束缚。通常来讲，能够使人信服的方法有三个：权服、法服、德服。

用权力使人服从，只是暂时的服从。压力越大，越容易出问题；用法令制度使人服从，往往容易引发人们的抵触；而德服，才是长治久安之道。

这里的“德”，可以引申为文化中的统一价值观和信仰。优秀的团队文化，就是一种对团队成员的“德服”，潜移默化中规范团队成员的日常行为，强化团队成员的职业化素质。

当前的企业制度虽然日益完善，但只依靠严格的制度来管理员工可能会限制他们的创造力和主动性。制度约束虽然必要，但它像一条绳索，可能会束缚员工的手脚，限制他们的创造性。与此相对，文化则像一条轨道，引导员工沿着正确的方向前进；确保他们的行为与企业的目标和价值观保持一致，而不会偏离预定的轨迹。

（三）变“改造人”为“塑造人”

很多管理者最为头疼的就是面对一盘散沙的员工队伍，不知如何调动他们积极性、改造他们。于是，团队例会往往成了批评会、教育会。管理者苦口婆心、劳心劳力，最后还是毫无效果。而团队文化是将“改造人”的过程，变成“塑造人”的环境。自然环境决定着一棵树能长多高，而人文环境决定着一个人的价值和行为。

团队文化的“化”就在于能够“化腐朽为神奇”。优秀的团队文化能够吸引人和感染人，调动人的潜在热情和干劲，使人自动自发地投入工作中去。

（四）变“满足人”为“激活人”

优秀的团队文化，有利于员工潜能的发掘，能够激发员工创造力。马斯洛的需求层次理论显示：人较低层次的需求是生存需求，人较高层次的需求是自我实现的需求。在普通团队，员工工作可能只是为了满足生存需求；而在形成了优秀文化的团队，员工工作则是为了实现自我价值，获得快乐和成就感。

以“自我实现工作文化”为主导的团队将生机勃勃，不再是一潭死水。“比学帮带”成为团队的统一行为，“互促赶超”成为团队的一种精神，团队也真正成为员工个人发展、实现自我价值的广阔平台。

第三节
团队文化建设方法

团队文化不是口号及标语，它必须转化为团队成员的行为。如何将团队文化落地，可以总结为“六个一”工程（图 5.4）。

一、一套理念

一切工作都源于使命，且与使命紧密相关。使命是一个人的动力支撑体系。团队建设的第一课，便是使他们建立正确的价值观、人生观，并将其转化为使命、愿景、目标以及精神。推进团队文化建设，首要任务就是开发团队共同的使命、愿景、目标和精神，也就是构建团队理念体系。开

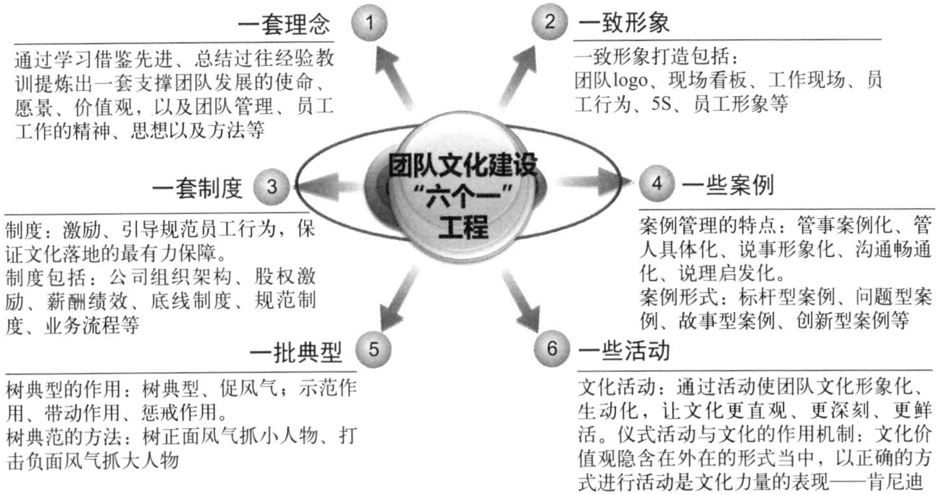

图 5.4　团队文化建设“六个一”工程

发团队文化理念体系，需要掌握以下内容：

（一）团队使命——思考团队为什么而存在

使命是经过深思熟虑后形成的坚定信念和信仰。它让人深信某些事业值得全身心投入，甚至为之奉献。使命感是一种激励人们行动的力量，它让人明白自己的行为及其背后的深远意义。当一个人发现了自己的使命，也就找到了自己存在的核心价值和目的。

团队的使命亦是如此。团队使命能够让团队每一名成员识别出自己是在做事还是在做事业，团队使命对团队工作的执行和结果具有决定性的作用。共同的使命是促使团队成员齐心协力、勤奋工作的最强动力。

构建团队使命应该注意如下几点：

第一，团队使命主要阐明团队为什么存在，即团队存在的意义。

第二，团队能为企业、客户、员工带来什么价值？为什么这么做？

第三，团队使命是团队的经营信仰。

第四，每个团队成员都能从团队使命里汲取力量，找到共识，获得荣誉感。

【示例】

某检修团队的使命：为生产保驾护航。

兴发集团的使命：以科技为导向，引领世界精细磷化工行业，为社会、股东、员工以及合作伙伴创造价值。

（二）团队愿景——团队理想化的目标

制定团队愿景分为四个步骤：

① 公司的要求、员工的诉求（公司的评选标准、上级对团队的要求、员工成长的希望）。

② 将之具体化（成为前三名、团队的荣誉、尽可能具体描述）。

③ 获得内部统一（征集内部意见与建议、将目标进一步分解成具体职责与行动纲领）。

④ 语言上的修饰（通过一定修饰，构成完整表达）。

团队愿景并不等于团队目标，如表 5.1 所示。

表 5.1 团队愿景与目标

项目	目标	愿景
内容	看得见、具体	内心的愿望、驱动力、境界
特征	常态	激动人心、神奇、英雄主义
周期	短期、中期、长期	长期
难易度	通过努力较易实现	通过长期不懈的努力才实现

【示例】

励志型愿景：做卓越班组、成为行业标杆。

温馨型愿景：以提供优质的服务，获得客户的尊重作为我们的理念，实现自身的价值。

具体量化型愿景：成为“专业服务最佳、员工能力最强、团队氛围最好”的“三个一”班组。

共同承诺型愿景：打造“团结、和谐、学习、创新”阳光班组。

兴发集团愿景：千亿兴发，世界一流。

（三）团队口号——表达团队核心理念

【示例】

日本本田科研：“用眼、用心去创造”。

美国 IBM 公司：“IBM 就是服务”。

美国麦当劳公司：“顾客永远是最重要的，服务是无价的，公司是大家的”。

口号是一门积聚人心、凝聚士气、激荡热情的艺术。不仅能够调动团队成员的积极性、进取心与责任感，更能强化他们的经营观念和行动准则，鼓励全体成员树立起良好的团队形象。好的团队口号就好比是战斗的号角，于激进者是鼓励，于落伍者是鞭策。它一般言简意赅、易于记诵，体现了团队的特点，喊出了团队的目标。

团队口号的魅力：口号是力量的传递，是团队智慧的集中、意志的集中和目标的集中；团队口号告诉公众，团队是什么、干什么，指出团队的根本选择；团队口号是团队的心声，喊出团队内心的追求、公众的认同、荣誉的传递、力量的激荡；口号是团队进军市场锐利的精神武器。

如何开发团队的口号：团队口号是团队的一句宣言。团队必须向社会公众发布自己的宣言，用最简短、最明了、最具冲击力的语言发布。要让公众知道你是干什么的，怎么干，和他们有什么关系，要考虑是否能被公众接纳。

企业团队口号是团队形象广告的基本用语，是团队内部规范的最高纲领。它的设计，必须体现以人为本，具有震撼性；体现团队的风格、理念、工作方针和团队文化；要求文字简洁、朗朗上口、亲切感人，且具有长期适用性。

【示例】

中国移动某客户服务团队的口号是：超越巅峰无极限，精彩纷呈每一天。国家电网某运行团队的班组口号是：高效运行创佳绩，安全发电暖万家。

（四）团队宗旨——如何实现团队使命

宗旨体现了团队文化解决问题的核心理念，它是使命的延伸，将使命具体化到行动层面。团队宗旨明确了团队如何以正确的方式行事，指导团队成员在实践中贯彻使命，确保行为与组织的核心价值观和长远目标保持一致。它是员工评判团队各种行为规范的根本标准，也是团队检验经营目标的校正表和规划经营目标的指南针。

（五）团队价值观——团队经营的成功法则

价值观是人们对自身的存在与世界关系的看法。它指导着人们的行为，是人们行动的导航仪，是人的心理动机和选择的基础。没有共同价值观的团队，成员会变得自私、自我，充满抱怨、抵触和不协作，缺乏责任感和集体荣誉感。

【案例一】

下班前半小时，小王操作的一台机床出现了故障，无法运行。原计划下班前完成的这批工件无法顺利转入下一个工序。该厂规定，一个班组内有人未完成任务，其他人都不能下班。这时候，有人斥责，有人抱怨，有人借故请假，唯独没有人主动去帮小王。

点评：团队是个体的集合，每个成员的阅历、思想、对世界的感知不尽相同，对事物的认识也各有差异，行为动机与方式也各不相同。建立团队共同价值观，就是打通了团队成员之间“心灵共振”的通道——只有心灵相通，才能荣辱与共、共担风雨。建立团队共同价值观应注意以下几点：

① 赋予团队成员正向动机。

② 将团队期待具体化，才能赋予团队成员以动机，因为具体化的期待是能够实现的目标。

例如，建一栋大厦，如果不进行具体规划就无法建成。而建筑师将自己的想法具体地表现在图纸上，施工人员依照图纸付诸行动，就能建成大厦。同理，团队行动要让员工毫无疑问地追随，也必须有行动的蓝图，即明确具体的理想或目标。如果团队管理者不能为团队成员规划出明确具体的理想或目标，团队成员就会因迷惑而自乱阵脚、丧失斗志。

③ 赋予团队成员共同的荣誉感。

④ 激励和荣誉是促进人改变的最大原因，共同价值观的形成也来源于共同荣誉的创造。

【案例二】

在某企业一年一度的星级班组评选中，保洁班组被公认为最平庸的班组：班员一半都是临时工，班组里的人也大都抱着干活拿钱的心理，过一天算一天。

2014 年，新来的班组长坚持要申报星级班组评选，并不顾半数人的嘲讽，组织大家进行工作改善。

新班长上任后，不但积极了解大家的想法，还和个别表现不佳的班员私下沟通，做他们的思想工作。他还注意观察大家点滴的进步，及时在班前班后会上进行表扬。班长用自己的真诚打动了大家，为班组指出了明确的奋斗目标。最终，他们在评选中获得成功。

从此以后，班组每一个人都干劲十足。原来过一天算一天的心态，变成了干一天洁净一天！当初冷嘲热讽的人也开始变得积极起来。

点评：荣誉是转换价值观的“法宝”，创造共同荣誉的过程，更是价值观积累和重塑的过程。企业员工需要参与制定、共同遵守、共同维护这种价值观。

【示例】

社会主义核心价值观：富强、民主、文明、和谐，自由、平等、公正、法治，爱国、敬业、诚信、友善。

兴发集团核心价值观：创新、责任、诚信、奋斗。

（六）团队目标——指明团队努力的方向

团队目标来自对企业目标和愿景的分解，是团队生产经营活动所要瞄准的根本方向。有了目标，有了方向，才能引导下一步的行动。树立团队目标，需要注意如下几点：

第一，团队目标来源于组织目标，要可考量、可实现；

第二，团队目标要能体现班组实现使命的决心和斗志；

第三，团队目标要能体现员工的雄心和抱负；

第四，团队目标要能唤起员工承担义务的愿望，提高员工对环境的敏感性，促使他们积极思考。

（七）团队标识——将团队文化形象化

团队标识（logo），即用符号化的语言传递文化、价值和信仰。以兴发集团 logo 为例（见图 5.5）。

图 5.5　兴发集团 logo

① 白色外延构成的封闭圆形，犹如天地间的一轮朝阳，整体结构设计感强烈。以太阳为第一主轴，寓意兴发集团将充满蓬勃向上、坚毅顽强的生命力。

② 色彩上，以红黄渐变和深邃蔚蓝两部分搭配构成。

③ 红黄渐变是磷化工业的代表色，意指兴发集团的主导产业——磷化

工业，蕴含其中的三座突起的三角形，形象地展示了孕育着兴发集团发展产业造福世人的——矿山资源，巍峨笔挺，屹立不屈。

④ 深邃蔚蓝色勾勒出大坝开闸的汹涌磅礴壮美山河，旨在展现兴发集团的第二大产业——水电产业，也是兴发集团面对险阻攻坚克难的精神体现。

⑤ 标识中间由“磷矿矿山”和“大坝开闸”元素交会组成的白色部分，是“兴”字的变形体，直观地体现兴发集团的独特性、唯一性。

⑥ 内涵上，标识整体寓意兴发集团不断完善革新，也是对兴发集团前景一片欣欣向荣的美好期冀。

团队 logo，是团队个性的体现。团队借助一种图形、符号、动物、植物或人物形象来象征团队的追求，寄托团队的精神。建立团队 logo 应把握以下几点：

第一，团队 logo 要便于团队文化形象的传播。比如，某电力企业一线运行团队的 logo 为“鹰”，其寓意为对发电机组的监控“像鹰一样敏锐，像鹰一样严谨”。又如，某电子制造企业生产团队的 logo 为“大雁”，其寓意为“团队协作，整齐划一，绝不掉队”。

第二，团队 logo 确立后，需要不断强化和传播，团队工作纪要、办公桌、文化墙、便笺纸等便于传播的载体上都要加上文化的标志——logo，并借此形成对团队成员的时时提醒、时时激励。

第三，logo 的确立要结合团队自身特色和个性，找到共同之处。

第四，要深入挖掘 logo 符号、图形背后的价值和意义，将 logo 形象转化为图腾故事。

二、一致形象

（一）企业形象的三个层次

企业形象的组成因素虽然非常复杂，但可归纳为三个层次，即理念形象、行为形象和视觉形象。

1. 企业理念形象

企业理念形象是由企业哲学、宗旨、精神、发展目标、经营战略、道德准则、风气等精神因素构成的企业形象子系统。

2. 企业行为形象

企业行为形象由企业组织及组织成员在内部管理和对外的生产经营管理及非生产经营性活动中，表现出来的员工素质、企业制度、行为规范等因素构成的企业形象子系统。内部行为包括员工招聘、培训、管理、考核、奖惩，各项管理制度、责任制度的制定和执行，企业风俗习惯等；对外行为包括采购、销售、广告、金融、公益等公共关系活动等。

3. 企业视觉形象

企业视觉形象包括企业的基本标识和应用标识。基本标识涵盖企业的名称、标志、商标、标准字体和标准色彩；应用标识则包括象征性图案、旗帜、员工服装、宣传口号、招牌以及吉祥物等。除此之外，企业的厂容厂貌，如企业的自然环境、店铺、橱窗、办公室和车间的设计和布局，也是企业视觉形象的重要组成部分。这些视觉元素共同作用，塑造了公众对企业形象的直观感知。

在企业形象的三个子系统中，理念形象是最深层次、最核心的部分，也最为重要，它决定行为形象和视觉形象；而视觉形象是最外在、最容易呈现的部分，它和行为形象都是理念形象的载体和外化形式；行为形象介于上述两者之间，它是理念形象的延伸和载体，又是视觉形象的条件和基础。如果将企业形象比作一个人的话，理念形象好比是人的头脑，行为形象就是四肢，视觉形象则是面容和体型。

（二）团队形象的三个层次

团队的一致形象同样从以上三个层次入手，不管是理念、行为还是视觉，都是对团队理念的传播。行为是一种动态传播，视觉是一种静态传播。

团队文化墙、文化园地建设即为视觉形象的一种。文化墙具有极为直观的文化传播功效。一面文化墙，往往记录了团队的点点滴滴，不但有团队的文化理念、口号、目标、精神等，还展现了员工的事迹、员工的风采。文化墙不但传播了团队文化的理念，还传递了员工的价值和荣誉，有助于在团队内部营造了良好的文化氛围和环境。

文化墙只有为团队的实际需求而建，才能真正成为团队文化建设的主力阵地。进行文化墙、文化园地建设应注意以下几点：

第一，文化墙不是团队的“脸面”，不是管理者的“功绩工程”，更不是赶时髦、走形式；团队文化墙要切实反映团队文化的方方面面，反映团队每一个成员的精神风貌，展示每一个成员的所思所想，体现每一个成员的价值。

第二，文化墙不应只展示空洞的目标和口号，而应有鲜活的团队故事。结合员工的日常表现，体现员工的绩效，赋予优秀员工荣誉。

团队文化墙要成为员工展现价值的平台，成为员工的精神家园。

第三，文化墙的建设应全员参与，全员尽责。让团队每一个成员都和文化墙有所关联，在文化墙上找到自身的存在印记、自己的价值体现。

如某电厂一班组的文化墙，就特设了“班员风采展示”区（图 5.6），能够让每一个成员展示自己的工作目标和职业宣言。

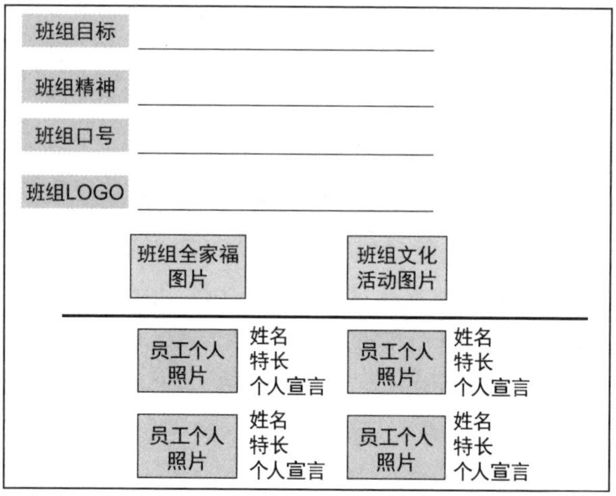

图 5.6 某电厂班组文化墙

第四，文化墙要实现动态管理、持续维护。文化墙的建设和管理要能够与团队日常管理工作相结合。

文化墙、文化园地的建设只有持续维护，才能具有长效影响。可以运用如下的机制和模式：

① 引入“八全”管理模式：即全员有责、全员参与、全员思考、全员管理、全员改善、全员创新、全员实践、全员创标。团队文化建设不是某个人的事，更不只是管理者一个人的事。团队文化建设要吸引每一个员工都参与进来，贡献所长，赋予员工相应的责任和权利，让每一个成员都能负责一个板块的建设和维护。

② 引入“荣誉机制”：将文化墙建设成为每位员工都能够充分展现自我的平台。借助文化墙，发掘每一个员工身上的亮点和价值，即时展现、即时激励、即时分享、即时传播相关内容。文化墙成为每一个员工的荣誉平台，员工自然就会积极参与文化墙的建设。

③ 引入“分享机制”：把文化墙建设成为员工与他人交流的平台，员工的心声、遇到的难题、工作中的经验和教训，都可以借助文化墙来反馈；把员工的思想与心声、收获与感触及时分享给团队每一个人，同时获取团队给予的支持、帮助、信任和尊重。人和人之间也因为分享而更坦诚，因为

分享而更友善。

团队建设中的很多机制都可以运用到文化墙的长效建设中来。文化看板设计与运行的注意事项：

① 看板内容根据各班组自身特点在基本内容模块基础上，可进行个性化设计；

② 看板设计力求简单实用，能够在团队日常工作中有效运用，成为“活看板”，需要适时更新，相对固定模块与适时更新模块的比例一般为4∶6；

③ 看板呈现力求图文并茂，形象力强，富有感染力；

④ 看板要及时更新，以保持信息传达的时效性和管理的工具属性，更新维护工作要责任到人，实现看板与团队成员的全面、全员互动；

⑤ 看板或以电子文档张贴的形式，或以白板笔书写的方式，各团队要结合实际加以选择；

⑥ 各团队在看板设计与实施过程中需要求全员参与，群策群力，这既是一个创建团队品牌的过程，更是提升团队凝聚力的平台与契机；

⑦ 将看板目视管理习惯化；

⑧ 适时改进看板，优化完善。

三、一套制度

制度公约化——用价值观管理取代强制性管理。团队文化的落地需要制度的保障。公司有公司的制度，团队同样也要有符合团队文化理念的制度。用价值观管理取代强制性管理，用自省式管理取代督察式管理，是团队制度建设的两种方法。

（一）公约的四大特点

公约是社会组织或团体为了维护公共利益，通过讨论、协商所制定出的约定大家共同遵守的规则。公约具有如下四个特点：

1. 公众约定性

约定性是公约的突出特点之一。公约不是正式的法律和法规，而是由订约单位或订约人自愿协商缔结的公共约法。它一般产生于社会团体或民众之间，具有一定的民间特色；仅对参与者产生道德约束力，不具备法律效力。

2. 长期适用性

一般情况下，公约所涉及的内容都具有稳定性，因而公约不会在短时间内失效。因此，制订公约时应充分考虑到这一点，将大家共同关心的、具有长期意义的原则性事项纳入公约。一旦原有的公约过时，应立即讨论并制定新的公约。

3. 集体监督性

公约被公众认定，就成为行为和道德规范。订约双方都有履行公约、以公约为准则监督别人的义务。发现违背公约的行为，大家都有权予以批评和谴责。

4. 基本原则性

通常情况下，公约的内容多为一些基本道德准则和精神文明建设原则；不涉及具体行动的方法和实施措施，因此往往短小精悍。

以上四大特点体现了公约的制定能够有效消除员工的对抗，确保制度长期适用，集体的监督又能够保障公约的有效执行。所以，制度公约化是团队制度建设的高效办法。

（二）如何建立团队公约

【案例】

杨明是毕业半年的新大学生，在S班组进行基层实习。对于工作，杨明充满热情，也很有想法。恰逢S班的班长外出学习三个月，杨明就被上级任命为代理班长暂行管理班组。

杨明很快进入角色，并开始大刀阔斧地推进“改革”。首先，杨明从完善管理制度入手，两个星期内便发布了近十条管理制度：从卫生管理到设备使用，杨明都制定了细化的制度规范；并召开班组会议要求大家严格遵守，实施考核，考核结果与当月的奖金挂钩。

制度实施后不久，班组里十几名员工有一半都遭到了杨明的批评；杨明还对其中的五位员工进行了经济处罚，当中还有一位是和他一起被招聘来的同班同学。杨明的举措不但毫无成效，反而引起了大家的抵触，很多人对杨明意见颇大。几个和他关系不错的人，也纷纷对杨明“敬而远之”，班组里的气氛远不如前。

杨明以考核促管理的“高压政策”，引发了班员的消极对抗，这让杨明大受挫折。经过此事，杨明主动与上级领导沟通，寻找原因和对策。

此后，杨明在领导的指点下，决定召开一次班组会议。在会上，杨明首先就自己前段时间简单粗暴的管理手段向全体班员致歉；同时就当前班组管理中的一些问题和大家进行了开诚布公的沟通，强调了班组完善制度建设的紧迫性。

杨明还特别提出了自己管理班组中的几个问题，请求大家帮助他一起解决，倡导采用民主决议的方法由大家商议对策。面对杨明的坦诚，很多班组成员也逐渐转变了先前的抵触态度，参与到了对现状的管理分析当中。

在杨明的引导下，班员开始变得积极起来，纷纷就班组管理提出了自己的建议和看法；就很多紧迫的问题讨论议定出了对策，还自发地细化了很多制度。经过长达四个小时的热烈讨论，大家纷纷签名承诺制定了《班组公约》。

点评：班组成员为什么从“对抗”杨明转化为“支持”杨明，为什么从一开始“抵触制度”转变为“自动自发地制定制度”？

很显然，当杨明以“制度监督者”的身份出现时，班组成员自然成了制度执行的“被监督者”、破坏制度的嫌疑人。在这种状况下，班组内的相互信任无法实现；员工对杨明的抵触，并非针对他个人，而是针对杨明在管理中的角色定位。

当杨明调整自己的角色，承认强权的错误，接受批评，并邀请班组成员参与班组问题分析和制度制定时，杨明成为“被监督者”；员工的心理定位得到调整，成为“班组主人翁”，以班组为家的责任意识自然产生。

所以，制订公约首先要发动全员的力量，全员参与公约建设。此外，团队公约建设还应该遵循如下要点：

第一，管理者是“发起人”，而不是“制定人”；

第二，讨论公约的过程中，管理者是“引导者”，而不是“决策者”，所有条款的确定，都要由全员提出、全员通过；

第三，公约带来的是道德约束力、精神约束力，企业各项管理制度管理的对象是人的行为结果，公约管理的是人的精神、价值观、行为的出发点；

第四，公约可以包括员工的职业化操守、如何贯彻某项制度、如何建立优秀团队等各个主题；

第五，公约最后必须由全员签字，签字意味着承诺，意味着自我约束；

第六，公约的落实，由全员自主管理，相互管理。管理者发现执行当中的问题，需拿到团队会议上公开讨论，以达成全员共识，引导团队文化的形成。

团队制度公约化，是团队建设从“专制”到“民主”、从“被动管理”到“自主管理”的重要标志。团队公约，并非对管理制度、操作流程的否定，而是通过制度公约化的引导，将企业的各项制度内化于心，形成全员参与、全员管理的组织行为。

四、一些案例

所谓案例，就是为达成一定的教育目的，围绕选定的问题，以真实事实为素材编写而成的某一特定情景的描述。案例素材源自团队工作情景，可以是人员精神面貌方面的案例、业务技能方面的案例或团队管理方面的案例。案例由团队成员轮流制作、发布，并通过大家共同讨论，形成解决问题的方案，提炼出案例启示。案例是团队文化传播的最佳载体。

（一）案例管理法的价值

1. 有助于宣扬团队精神；
2. 有助于学习团队经验；
3. 有助于解决团队问题；
4. 有助于规避团队风险；
5. 实现团队全方位积极正向的沟通；
6. 实现团队成员心理认同紧密凝聚；
7. 有助于提升成员素质；
8. 有助于提升管理者管理能力。

（二）案例的类型和结构

从内容上来说，案例主要分为问题型案例和标杆型案例两种；从表现形式上来说，主要有图片、文字描述，也可以通过情景再现的形式演绎出来。

1. 问题型案例

问题型案例侧重于针对现象提出问题、引发思考，通过分析问题来解决问题。问题型案例的基本模板如下：

（1）案例陈述　阐明案例事件、问题的过程及背景。阐释的是什么问题？当事人是谁？什么时候发生的？有无解决？问题造成了什么后果等。

（2）案例问题　针对案例陈述提出供大家讨论的问题，常见的提问方式有：出现这种问题的根本原因是什么？你如何评价案例中提出的解决方法？你会怎样去解决？有没有其他类似问题？如何杜绝此类问题再次发生？

（3）案例启示　通过案例的分析和引发的思考获得启示，然后形成新的行动计划或改善方案。对于案例的讨论和分析必须深入全面，因为一件小事往往能折射出一系列问题，不能就事论事；要注重从管理体系、制度、方法等深层次的角度来分析和解决问题。

（4）行动改善计划　解决问题要遵循“四不放过”的原则，即不分析清楚原因不放过，不找到具体的责任人不放过，没有形成有效的解决措施且未落实到位不放过，没有对他人形成警示教育作用不放过。要将具体的解决方案和整改措施落实到人，并监督检查执行情况。

2. 标杆型案例

标杆型案例重在对成功事例、优秀做法的复制和学习。即对成功要素的分析、提炼和分享，并通过大家的集思广益，进一步加以完善。标杆型案例的基本模板如下：

（1）案例陈述　阐明案例发生的背景，如完成某项重大业务的成功要素、某项工作形成的创新思路和改善做法、某人全新的工作精神与展现的绝活等。

（2）案例分析　分析标杆的优秀做法及成功要素，分享其成功经验、技能等。

（3）案例启示　案例引发大家的感想，谈出受触动之处和收获之处。

3. 案例管理的基本原则和关键点

（1）事事案例化　平凡的人，平凡的事，事事皆案例。

（2）案例全员化　全员参与，轮值进行。

（3）案例结构化　结合团队实际设计案例结构，以养成良好习惯。

（4）案例类别化　将案例分门别类，区别学习。

（5）案例分享化　案例必须共享式学习，强调团队分享。

（6）案例知识化　形成《案例管理集》，建立班组案例知识库。

（7）案例制度化　将案例管理制度化，规范化。

4. 案例管理的实施指导

（1）实施的主体　人人做案例。按照轮值表，团队成员轮流做案例。

（2）实施的时间　每天开完夕会之后进行案例的发布、讨论，或者根据团队情况做适当安排。

（3）操作的要点　第一，案例素材的选择一定要与工作密切相关，最好取材于团队中普遍存在的问题，这样的案例参考价值更高。

第二，案例描述要清晰，要真实再现事件发生时的具体情境。如事件发生的背景、环境、人物的对话、事件的进展等都要描述清晰，以便做出更加客观、细致的分析，使学习的针对性更强。

第三，案例讨论环节极为重要。在案例讨论时，管理者应激励每个人都积极参与，并引导大家进行深入的分析。在分析问题时，可以遵循“四不放过”的原则，即不放过原因、不放过措施、不放过责任、不放过整改，直到最终形成彻底的解决方案。而在分析成功因素时，应该深入挖掘、细致分析，以确保全面理解成功的关键要素（图 5.7）。

<table>
<tr><td colspan="9">案例卡</td></tr>
<tr><td colspan="2">提交日期</td><td></td><td>提交人</td><td></td><td>提交单位</td><td></td><td rowspan="2">案例类型</td><td>□ 问题型</td></tr>
<tr><td colspan="2">案例名称</td><td colspan="5"></td><td>□ 标杆型</td></tr>
<tr><td rowspan="3">案例陈述</td><td>时间</td><td></td><td>地点</td><td></td><td>当事人</td><td colspan="3"></td></tr>
<tr><td>事情经过</td><td colspan="7"></td></tr>
<tr><td>结果</td><td colspan="7"></td></tr>
<tr><td colspan="2">案例提问</td><td colspan="7"></td></tr>
<tr><td colspan="2"></td><td colspan="3">原因分析 经验提炼</td><td colspan="2">改善措施 行动计划</td><td>负责人
实施人</td><td>完成日期</td></tr>
<tr><td rowspan="6">案例启示</td><td>人</td><td colspan="3"></td><td colspan="2"></td><td></td><td></td></tr>
<tr><td>机</td><td colspan="3"></td><td colspan="2"></td><td></td><td></td></tr>
<tr><td>料</td><td colspan="3"></td><td colspan="2"></td><td></td><td></td></tr>
<tr><td>法</td><td colspan="3"></td><td colspan="2"></td><td></td><td></td></tr>
<tr><td>管</td><td colspan="3"></td><td colspan="2"></td><td></td><td></td></tr>
<tr><td>环</td><td colspan="3"></td><td colspan="2"></td><td></td><td></td></tr>
</table>

图 5.7　案例卡

5. 案例管理的误区

（1）问题案例的六个不到位　未找到真正原因、未指定负责人员、未制定解决方案、未实施改进措施、未跟踪和验证、未完善相关制度和作业标准。

（2）标杆案例的六个不到位　闪光亮点未挖掘、最佳实践未梳理、标杆做法未推广、标杆作用未发挥、标杆员工未激励、团队文化未展现。

五、一批典型

典型分为正面典型和负面典型两大类。团队中往往更关注负面典型，且对负面典型的运用较为到位。反倒是正面典型有时未得到企业和团队的重视，实际上，正面典型对于文化的落地能起到极为重要的作用，这类正面典型可称之为“英雄人物”。

所谓英雄人物，就是人们常说的榜样和标兵。榜样和标兵的作用关键在于突破和示范，毛主席曾讲过“榜样的力量是无穷的”。团队文化理念因其较为抽象的特性，在落地过程中若想让人更好地理解，在行为上实现关键性的突破；并逐渐形成让大家广泛模仿的经验，这个功能非文化英雄莫属。

（一）正面典型（英雄人物）的作用

如果说价值观是文化的灵魂，那么英雄人物就是价值观的人格化；是价值观最生动、最真实及最具影响力的体现，是团队中涌现出的团队文化的最佳代言人。

国际管理咨询顾问阿伦·肯尼迪和领导力专家特伦斯·迪尔曾评价："英雄人物是伟大的鼓动者，是困境中众人信赖的依靠，是敢于突破的先行者。他们有坚韧不拔的品质，能做别人想做却不敢尝试的事情。其行为与众不同，但又不脱离团队价值观。"英雄人物的作用大致可总结为以下六点：

1. 使成功成为人人渴望和可及的

成功常常被某些一知半解之人说成一种神乎其神、无法触及的境界，普通人往往被排斥在成功的可能之外。实际情况绝非如此：并非只有轰轰烈烈的成就才算成功，也并非只有影响历史的贡献才叫成功，成功实际上并无严格的数量或规模上的界定。只要能持续努力，哪怕做成一件小事也算成功，持续的小成功会积累成大成功。只要努力工作，每个人都能够成功。对于员工身边因持续贯彻团队价值观而获得成功的人，应当树立为团队英雄，如此便能起到鼓舞人心、鼓励行动的作用。

【案例】

江苏移动员工张丹丹

江苏移动苏州市移动公司一名普普通通的社会化临时用工张丹丹，在工作中兢兢业业、勤勤恳恳，始终热情对待客户，用心为客户服务，连续多年被客户评为服务最佳。2004 年，她获得中国移动集团公司"服务明星"，并获得了从社会化临时性用工转为正式用工的机会。张丹丹作为江苏省移动公司社会化用工的一员，向几千名和自己一样身份的社会化用工证明：只要坚持不懈地贯彻中国移动的文化理念，恪尽职守、用心服务，任何职业的障碍都是能够打破的。

点评：张丹丹的价值在于向身边的同事传递——每个人都有成功的机会，成功并非遥不可及。

2. 提供"样板角色"

通过英雄人物给予普通人以信心和希望，给予普通人以现实行为的标尺和具体的行动指南。

【案例】

传化集团青年干部刘成良

8 年前，刘成良刚来到传化集团时，还是一个从浙江兰溪农村走出来的普通农民。然而经过 8 年坚持不懈的认真学习，如今刘成良已是传化集团华洋化工有限公司塑化生产部副经理。刘成良进入企业时，像他这样的新进员工能够选择参加公司的培训，通过考试的还能报销全部学费。从2004年进厂至今，他参加的培训超过150次。经过几年的一系列系统培训，刘成良的职业发展经历了“三级跳”，从一个化工企业的门外汉成长为一名中级技工，2009年，又被提拔为车间主管。“培训是公司给我的最大福利，也是我成长的最好机会”，刘成良对此深有体会。

点评：传化集团刘成良的经历为其他员工提供了这样一个启示：照他那样去做，普通员工也可以这样成功。

3. 作为公司对外部世界的象征

成为一个企业文化形象的代表，成为真正的文化代言人，帮助企业在外部树立鲜明的企业形象。

【案例】

苹果公司的乔布斯

乔布斯一直是苹果公司的外部象征，是苹果公司不折不扣的文化代言人。他带领苹果公司始终追求为顾客奉献最完美的产品。他先后带领员工开发出了麦金塔什台式机、iPod、iPad、iPhone等被市场热烈追捧的划时代电子产品，成为苹果公司、IT界，乃至全球企业中创新和追求完美的象征。

4. 保持公司核心特色

英雄人物不仅能够成为企业面向外部世界的象征，还有助于企业文化凸显其核心特色，有利于企业的员工准确理解和轻松把握公司文化的核心内涵，使企业的核心文化能够长久留存于公司员工的记忆中，为企业的发展提供灵感和动力。

【案例】

GE的托马斯·爱迪生

人们一想到托马斯·爱迪生，第一个感受就是众多伟大的发明，想到伟大发明对人类进步的巨大贡献——这恰是GE公司区别于其他公司的最大特色，也是GE最核心的价值观。

5. 设定日常工作标准

英雄人物有时代表着企业最重要的工作标准，或者说英雄人物有时起着为企业最重要的工作设定标准的作用，正因有英雄人物的存在，企业某类与之相关的工作标准才能深入人心。

【案例】

张瑞敏给海尔设定的质量标准

1985 年，电冰箱市场仍供不应求之时，青岛海尔公司因电冰箱的质量问题遭到退货。张瑞敏既未把质量有问题的冰箱回炉再生产，也未听从其他员工把有问题的冰箱作为福利发给员工的建议；而是召集全体生产人员，亲手将有质量问题的 76 台冰箱当众砸毁。自此以后，“高质量、零缺陷”成为海尔人铭记于心的文化信念。

6. 激励员工的有效手段

每个人内心深处都存有一种英雄主义情结，每个人都渴望成为英雄，而英雄的事迹对于怀揣英雄梦想的人来说，具有显著的激励引导作用，很多人会效仿英雄的做事方式，并因此而兴奋不已。

【案例】

韦尔奇的激励方式

在韦尔奇还是一个班组头目时，就在自己的办公室里设置了一台专供自己所在采购小组里的采购代理人使用的专线电话。一旦代理人从供应商那里争取到一点点价格让步，他们就可以拨打专线电话给韦尔奇本人。这时候无论韦尔奇在做什么，他总会停下手头的事情去接电话，并说：“好！惊人的消息，你把钢铁的价格每吨降低了五美分。”接着马上坐下来给这位代理人写一封郑重其事的贺信。韦尔奇不只是通过这种象征性行动把自己扮成英雄，他也把每一个采购代理人塑造成了英雄。

（二）正面典型的运用

1. 每日之星

在一天的工作结束后，对于当天在执行方面、工作态度方面、工作创新方面表现突出的人员，由管理者提名 2 人，或团队成员推荐 2 人，再由团队所有人员投票选举出每日之星，得票多者当选（由当班值日生负责看板更新，考勤员负责统计团队成员获得每日之星的次数，作为每周之星的评选依据）。

2. 每周之星

将一周内获得每日之星次数最多的人员评为每周之星。若团队成员获得的每日之星票数相同，可全部作为每周一星的候选人，或者本周内对团队建设及工作方面做出较大贡献、获得全体团队成员肯定的人员，也可参选。获得票数最多者为每周之星（由当班值日生负责看板更新，考勤员负责统计团队成员获得的每周之星次数，以作为每月之星的评选依据）。

3. 每月之星

同评选每周之星的过程相同，将每月内获得每周之星次数最多的人员评为每月之星。如果团队成员获得的每周之星票数一致，可全部作为每月之星的候选人，经全体团队成员投票选举，得票多者当选（由当班的值日生负责看板更新，考勤员负责统计团队成员每月之星的获得次数，累积的数据同时作为年度团队人员评选先进的依据）。团队可根据实际情况，给予每月之星适当的精神或物质奖励，以激励团队成员的参选积极性。

（三）树立典型的原则

团队文化建设就是风气建设。通过树典型的方式能够迅速让团队的行为达成一致，这就叫“树典型、促风气”。树立正面典型就是弘扬团队内部的正面风气，而树立正面风气要抓“小人物”（如表现优秀的一线员工）。反过来，遏制负面风气、树立负面典型就应该抓“大人物”。

【案例】

很多年前，某公司总经理在毕业之后进了一家工厂，进去之后企业给他安排了一个师傅，这个师傅对他特别好，师徒感情深厚。后来他升职了，到一个科室当科长，正好他师傅也在这个科室。他上任之后发现这个科室有一个不良风气，就是喜欢迟到早退，包括他师傅也是如此。后来他私下跟师傅说了好几次，但情况并无改变；于是他一狠心，在一次会议上，当着全科室人的面，考核处罚了师傅5元钱，这在当时并不是个小数目。然而，自从他考核了师傅5元钱之后，整个科室就再也没有出现迟到早退的现象。在这个案例里，师傅显然是团队内部的“大人物”——这个科长连自己的师傅都敢抓罚，那就更别提其他人了。这便是负面典型对团队起到的警示作用。

六、一些活动

当员工积极参与文化活动时，他们就会对活动中的所有因素产生“自主注意”意识，自觉地接受活动所传递的信息。一场优质的文化活动能调动员工的积极性，提高文化的曝光率，有效连接员工。因此，企业可以借活动造势，让企业文化飞扬起来；团队也可以借这些活动，提高成员的思想认识，让团队文化深入人心。

【案例】

华为公司部门众多，为了保障各部门工作能顺利推进，很多部门会组织活动来提高员工的思想觉悟和工作能力。华为公司为加强对企业文化思想和政策的宣传，组建了干部领导下的秘书处。这支队伍不仅被要求懂得专业知识，还被要求能够对企业的技术管理和文化建设发挥实质性的作用。为更好地宣传各个技术管理流程和制度、文化导向等，干部秘书处会组织各部门进行学习或召开研讨活动，比如早期研发部几乎每两周都会有一次思想交流的活动。参与活动的工程师都要写学习心得，发表自己的意见。他们的优秀文章会被发表在华为内部刊物上，甚至会被编辑成论文集，供研发人员作为案例学习。为进一步加强部门间的沟通，各部门还会划拨专项经费，组织各种集体活动，让员工能够在融洽的氛围中交流，提出自己的建议。

点评：为了确保企业的政策和文化能够被更好地贯彻实施，华为公司想出了很多办法，组织团队内部活动正是其中的重要方式之一。组织团队内部活动具有以下三个优势：

① 互动传播能力强：开展团队内部活动，是一种感性的文化传播方式，旨在让员工在主动体验与互动的过程中认知团队文化。

② 受众范围广：一般来说，活动的开展是团队结合自身实际情况和发展需要来进行的，其受众范围较广。只要活动足够吸引人，团队成员就会积极参与其中。

③ 成本低、成效好：以活动的形式推广团队文化，这种方法成本低且效果好。对于团队而言，活动能够引导员工了解团队文化，及时调动其积极性，促使其将文化理念外化于行。对于员工来讲，活动形式生动多样，其在参与过程中能够获得趣味性体验，同时激发员工的主人翁意识。

既然活动在文化传播中有其独有的优势，那么团队可以组织哪些形式的活动来助力文化传播呢？事实上，常规的团队活动形式分为五类，如表 5.2 所示。

表 5.2　常规团队活动分类介绍

活动类别	主题	内容	目的
学习、工作类	不断学习进步，分享成功喜悦	图书角、读书周活动	通过活动，鼓励员工不断学习进步，形成良性竞争
		岗位大比武活动	
		业务知识传帮。带活动	
		科学管理之 QC 活动	
		科学管理之创新活动	

续表

活动类别	主题	内容	目的
体育运动类	打造健康体魄，享受激情人生	竞技类运动（如篮球、羽毛球、乒乓球等大众运动）	提高身体素质、强化团队意识、培养同事感情、培养同事友谊、鼓励挑战精神、释放工作压力
		趣味类运动（如跳绳、拔河、游泳等）	
		挑战类运动（如漂流、登山、攀岩等）	
娱乐休闲类	提倡快乐工作，感受同事情谊	棋牌类活动（如象棋、扑克牌等）	娱乐放松，使员工享受工作之余的快乐，以培养团队精神
		游戏类活动（如“天黑请闭眼”等）	
		聚餐、唱歌、跳舞等	
社会公益类	承担社会责任，争做优秀公民	慰问活动	强化团队精神，培养责任意识
		捐赠活动	
		植树、节能减排活动等	
家庭生活类	打造和谐团队，打造和谐家庭	家庭联谊活动	实现工作与家庭的平衡，实现工作与家庭的和谐
		亲子采风活动	
		家庭才艺表演	

团队在开展各式各样的活动时，不应简单地灌输文化，而是要以文化理念为指导，将文化理念融入活动环节中，“润物细无声”地达成传播效果。一般来说，人们对能让自己受益的活动都是非常感兴趣的，这是一种参与情怀。因此，在举办团队文化活动时，可以适当增加一些与员工利益密切相关的环节，充分调动其积极性，提升活动的效果。

参考文献

[1] 迈克尔・韦斯特.卓有成效的团队管理[M].北京:机械工业出版社,2022.
[2] 帕特里克・兰西奥尼.团队协作的五大障碍[M].北京:中信出版社,2022.
[3] 姚裕群.团队建设与团队管理[M].北京:首都经济贸易大学出版社,2020.
[4] 金兴.管理沟通实务[M].北京:教育科学出版社,2016.
[5] 马歇尔・卢森堡.非暴力沟通[M].北京:华夏出版社,2011.
[6] 约瑟夫・格雷尼.关键对话:如何高效能沟通[M].北京:机械工业出版社,2022.
[7] 戴尔・卡耐基.卡耐基沟通的艺术与处世智慧[M].北京:中国华侨出版社,2012.
[8] 丹尼尔・平克.驱动力[M].北京:中国财政经济出版社,2023.
[9] 埃尔菲・艾恩.奖励的惩罚[M].北京:中国科学技术大学出版社,2023.
[10] 斯蒂芬・P・罗宾斯.管人的真理[M].北京:机械工业出版社,2022.
[11] 段烨.培训师21项技能修炼[M].北京:北京联合出版公司,2014.
[12] 任康磊.培训管理实操从入门到精通[M].北京:人民邮电出版社,2022.
[13] 埃德加・沙因.企业文化生存与变革指南[M].杭州:浙江人民出版社,2011.
[14] 埃德加・沙因.组织文化与领导力[M].北京:中国人民大学出版社,2022.
[15] 吴建国.华为团队工作法[M].北京:中信出版社,2019.